5 ASTUCES POUR DÉMARRER !

1) COMMENT RÉSOUDRE LES MOTS MÊLÉS

Les puzzles sont dans un format classique :

- Les mots sont cachés sans espaces, tirets, ...
- Orientation : Les mots peuvent être écrits en avant, en arrière, vers le haut, vers le bas ou en diagonale (ils peuvent être inversés).
- Les mots peuvent se chevaucher ou se croiser.

2) UN APPRENTISSAGE ACTIF

Un espace est prévu à côté de chaque mots pour noter la traduction. Pour favoriser un apprentissage actif un **DICTIONNAIRE** à la fin de cette édition vous permettra de vérifier et étendre vos connaissances. Cherchez et notez les traductions, trouvez-les dans le Puzzle et ajoutez-les à votre vocabulaire !

3) MARQUEZ LES MOTS

Vous pouvez inventer votre propre système de marquage. Peut-être en utilisez-vous déjà un ? Sinon, vous pourriez, par exemple, marquer les mots qui ont été difficiles à trouver d'une croix, ceux que vous avez aimés d'une étoile, les mots nouveaux d'un triangle, les mots rares d'un diamant, etc...

4) STRUCTUREZ VOTRE APPRENTISSAGE

Cette édition vous offre un **CARNET DE NOTES** très pratique à la fin du livre. En vacances ou en voyage ou à la maison, vous pouvez facilement organiser vos nouvelles connaissances sans avoir besoin d'un second bloc-notes !

5) VOUS AVEZ FINI TOUTES LES GRILLES ?

Allez à la section bonus **CHALLENGE FINAL** pour trouver un jeu gratuit à la fin de cette édition !

Simple et Rapide ! Découvrez notre collection de livres d'activités pour votre prochain moment de détente et **d'apprentissage**, à juste un clic de distance !

Trouvez votre prochain défi sur :

BestActivityBooks.com/MonProchainLivre

À vos marques, prêts... Partez !

Saviez-vous qu'il existe environ 7 000 langues différentes dans le monde ? Les mots sont précieux.

Nous aimons les langues et avons travaillé dur pour créer les livres de la plus haute qualité pour vous. Nos ingrédients ?

Une sélection des thématiques d'apprentissage adaptée, trois belles parts de divertissement, puis nous ajoutons une cuillère de mots difficiles et une pincée de mots rares. Nous les servons avec soin et un maximum de plaisir pour vous permettre de résoudre les meilleurs jeux de mots mêlés qui soient et d'apprendre en vous amusant !

Votre avis est essentiel. Vous pouvez participer activement au succès de ce livre en nous laissant un commentaire. Nous aimerions vraiment savoir ce que vous avez préféré dans cette édition !

Voici un lien rapide qui vous mènera à la page d'évaluation de vos commandes :

BestBooksActivity.com/Avis50

Merci pour votre aide et amusez-vous bien !

De la part de toute l'équipe

1 - Été

```
L  G  N  O  B  B  T  L  P  S  U  M  R  D
P  B  T  T  D  G  L  K  L  A  Á  G  N  U
D  M  L  P  K  I  L  U  C  O  I  C  O  L
P  A  T  N  Q  A  Ặ  N  D  V  U  Ắ  H  Ị
Q  A  Q  L  V  Đ  N  C  É  O  A  M  C  C
K  T  R  T  U  Ì  O  B  P  O  L  T  K  H
Ỳ  K  P  R  A  N  N  U  Ạ  M  I  R  I  I
N  U  B  K  T  H  Q  Â  M  N  H  Ạ  C  T
G  I  Ả  I  T  R  Í  B  Ã  I  B  I  Ể  N
H  O  U  P  C  K  T  V  Ồ  I  È  V  H
Ỉ  G  I  P  C  U  D  Ư  D  M  Ể  K  L  I
T  H  Ư  G  I  Ã  N  Ờ  M  V  N  G  D  A
T  R  Ò  C  H  Ơ  I  N  C  U  V  N  T  A
T  H  Ứ  C  Ă  N  K  T  D  I  Q  I  H  I
```

BẠN BÈ	BIỂN
CẮM TRẠI	ÂM NHẠC
SAO	THỨC ĂN
GIA ĐÌNH	BÃI BIỂN
VƯỜN	LẶN
TRÒ CHƠI	THƯ GIÃN
NIỀM VUI	DÉP
SÁCH	KỲ NGHỈ
GIẢI TRÍ	DU LỊCH

2 - Adjectifs #2

```
K  H  T  Ự  N  H  I  Ê  N  K  V  G  Q  N
H  I  H  O  A  N  G  D  Ã  R  Ị  V  N  Ổ
H  K  Ú  T  Q  O  Y  Q  A  M  C  C  K  I
C  D  V  N  Ă  N  G  K  H  I  Ế  U  H  D
N  I  Ị  V  Y  A  I  Q  K  T  H  Ậ  T  A
B  U  Ồ  N  G  Ủ  D  C  K  Ự  T  R  N
K  H  Ỏ  E  M  Ạ  N  H  N  L  D  H  U  H
I  I  D  Q  À  I  S  B  M  Ớ  I  A  À  C
P  H  I  U  U  H  Á  U  Ặ  H  Q  N  I  O
M  Ạ  N  H  M  Ễ  N  M  N  G  C  H  I  A
Ô  M  O  L  Ỡ  Q  G  L  Ạ  B  G  L  N  V
T  T  H  U  Ầ  N  T  V  P  N  C  Ị  N  G
Ả  Y  P  B  C  C  Ạ  I  T  D  H  C  Y  M
P  Y  Y  D  M  O  O  K  H  Ô  T  H  P  N
```

THẬT	TỰ NHIÊN
NỔI DANH	MỚI
SÁNG TẠO	MÀU MỠ
MÔ TẢ	MẠNH MẼ
NĂNG KHIẾU	THUẦN
KỊCH	KHỎE MẠNH
THANH LỊCH	MẶN
TỰ HÀO	HOANG DÃ
MẠNH	KHÔ
THÚ VỊ	BUỒN NGỦ

3 - Formes

```
T  G  V  H  K  D  H  O  K  L  Q  B  K  H
V  B  Ê  N  Ì  I  B  V  V  Ă  G  Ó  C  Ì
U  O  L  Ó  V  N  M  V  Ò  N  G  H  R  N
V  V  G  N  D  A  H  T  I  G  L  À  H  H
Ò  C  L  A  G  M  R  T  Ự  K  R  N  E  C
N  U  D  P  B  D  P  G  R  T  C  G  L  H
G  N  T  R  R  B  R  A  P  Ụ  H  K  L  Ữ
T  G  Đ  Ư  Ờ  N  G  C  O  N  G  Á  I  N
R  C  Ạ  N  H  G  R  N  Ằ  M  M  T  P  H
Ò  T  A  M  G  I  Á  C  K  U  R  I  S  Ậ
N  H  Y  P  E  R  B  O  L  A  N  T  E  T
Q  U  Ả  N  G  T  R  Ư  Ờ  N  G  H  R  L
Đ  A  G  I  Á  C  B  M  O  T  M  A  B  A
C  A  M  T  K  P  R  O  H  A  N  N  U  P
```

CUNG   HYPERBOLA
CẠNH   HÀNG
QUẢNG TRƯỜNG   ĐA GIÁC
VÒNG TRÒN   LĂNG
GÓC   KIM TỰ THÁP
ĐƯỜNG CONG   HÌNH CHỮ NHẬT
NÓN   VÒNG
BÊN   CẦU
HÌNH TRỤ   TAM GIÁC
ELLIPSE

4 - Salle de Bains

```
V T Q B N N V L L Q N D N B
Ò Q C M D K Ă N G T K É O
I B Ồ N T Ắ M K H Ư A M B N
H Ơ I N Ư Ớ C R À Q Ớ P N G
O O A I H T B T V H R C Ư B
A X À P H Ò N G Ễ B P D Ớ Ó
S C H Ì M P N Y S C U Ầ C N
E G P C T L O T I O N U H G
N V Ư A I T H H N Y A G O I
U N Ò Ơ Y U R Ả H V B Ộ A M
O A G I N L P M I L T I V U
I P O N N G B Ọ T B I Ể N G
I R G N R Q D K N L N Q T A
M C N A P K M G I B N C U K
```

BỒN TẮM
BONG BÓNG
KÉO
VÒI HOA SEN
NƯỚC
BỌT BIỂN
CHÌM
LOTION
GƯƠNG

NƯỚC HOA
VÒI
XÀ PHÒNG
KHĂN
DẦU GỘI
THẢM
NHÀ VỆ SINH
HƠI NƯỚC

5 - Adjectifs #1

```
L  L  H  T  H  Ơ  M  P  N  L  Y  D  R  T
N  K  Ấ  D  O  O  Q  V  T  R  Ẻ  H  Ộ  R
G  H  P  U  À  N  Ạ  P  Y  C  C  M  N  U
H  Ổ  D  D  N  R  N  T  O  D  Q  Ở  G  N
Ệ  N  Ẽ  C  H  Ậ  M  L  Đ  P  U  N  L  G
T  G  N  A  Ả  B  H  O  I  Ộ  A  G  Ư  T
H  L  Y  K  O  Đ  K  L  U  O  N  K  Ợ  H
U  Ồ  T  G  G  M  Ẹ  U  H  K  T  G  N  Ự
Ậ  V  Ô  T  Ộ  I  K  P  V  R  R  N  G  C
T  H  Ữ  U  Í  C  H  O  K  P  Ọ  P  R  T
C  P  Y  H  Q  M  Q  H  I  Ệ  N  Đ  Ạ  I
T  U  Y  Ệ  T  Đ  Ố  I  P  L  G  M  H  T
U  Y  V  Đ  Ầ  Y  T  H  A  M  V  Ọ  N  G
A  I  T  H  K  Ỳ  L  Ạ  K  N  Ặ  N  G  O
```

TUYỆT ĐỐI	TRUNG THỰC
HOẠT ĐỘNG	QUAN TRỌNG
ĐẦY THAM VỌNG	VÔ TỘI
THƠM	TRẺ
NGHỆ THUẬT	CHẬM
HẤP DẪN	NẶNG
ĐẸP	MỎNG
KỲ LẠ	HIỆN ĐẠI
KHỔNG LỒ	HOÀN HẢO
RỘNG LƯỢNG	HỮU ÍCH

6 - Instruments de Musique

```
Q  A  P  K  È  N  D  P  T  U  U  G  D  C
D  À  N  N  H  Ạ  C  B  L  R  P  Õ  Ư  L
M  A  R  I  M  B  A  H  A  B  Ố  B  Ơ  A
S  A  X  O  P  H  O  N  E  S  V  N  N  R
H  A  R  M  O  N  I  C  A  O  S  C  G  I
M  T  R  O  M  B  O  N  E  Y  S  H  C  N
Đ  À  N  V  I  Ô  L  Ô  N  G  Á  U  Ầ  E
K  G  H  U  V  G  D  K  D  C  O  Ô  M  T
Đ  À  N  G  H  I  T  A  P  E  A  N  O  K
H  À  T  U  H  V  T  N  M  L  G  G  M  O
M  A  N  D  O  L  I  N  N  L  A  G  C  H
Q  T  B  H  V  C  L  O  V  O  Y  U  D  H
M  Q  H  D  Ạ  I  N  A  Y  N  B  Q  Y  N
U  C  P  L  Ụ  C  L  Ạ  C  H  I  Ê  N  G
```

BASS	MARIMBA
DÀN NHẠC	GÕ
CHUÔNG	DƯƠNG CẦM
CLARINET	SAXOPHONE
SÁO	TRỐNG
CHIÊNG	LỤC LẠC
ĐÀN GHI TA	TROMBONE
HARMONICA	KÈN
ĐÀN HẠC	ĐÀN VI Ô LÔNG
MANDOLIN	CELLO

7 - Échecs

```
Q  V  U  A  H  T  R  Ò  C  H  Ơ  I  H  Q
U  H  K  T  H  R  H  K  B  V  C  Q  G  U
Y  Y  T  V  R  Ắ  U  Ô  I  Y  K  N  A  Á
T  S  R  H  O  N  A  M  N  N  U  P  K  N
Ắ  I  Đ  Đ  Ụ  G  D  A  O  G  H  G  Đ  Q
C  N  I  E  Ố  Đ  L  N  N  C  M  Y  Ư  U
A  H  Ể  N  Q  I  Ộ  N  U  H  N  I  Ờ  Â
H  Q  M  N  K  B  T  N  K  I  Ữ  G  N  N
Y  A  P  Q  V  O  V  H  G  Ế  H  I  G  H
I  N  N  B  M  U  T  H  Ủ  N  O  Ả  C  Y
N  G  Ư  Ờ  I  C  H  Ơ  I  L  À  I  H  D
C  U  Ộ  C  T  H  I  G  Q  Ư  N  Đ  É  H
T  H  Ờ  I  G  I  A  N  Y  Ợ  G  Ấ  O  G
M  K  T  K  Q  G  M  O  L  C  P  U  K  O
```

ĐỐI THỦ	THỤ ĐỘNG
TRẮNG	ĐIỂM
QUÁN QUÂN	NỮ HOÀNG
CUỘC THI	QUY TẮC
ĐƯỜNG CHÉO	VUA
THÔNG MINH	HY SINH
TRÒ CHƠI	CHIẾN LƯỢC
NGƯỜI CHƠI	THỜI GIAN
ĐEN	GIẢI ĐẤU

8 - Herboristerie

```
Y U A L L H M U C T C X A C
H A N N I Á N M C I N Ạ K H
M Ù I T Â Y K C B Ạ C H À Ấ
Ẩ H H T N H O I Q U N Ư T T
M P L K Q O T B N A R Ơ T L
T H À N H P H Ầ N H N N Ỏ Ư
H Ư Ơ N G V Ị Q T K G G I Ợ
Ự L B T G B P H I H I G N
C Ó L Ợ I X G U Ì R Ệ T Ớ G
R O S E M A R Y L V T H C I
A L Y N K N N À Ư Â Ơ D Ấ
V Y Q K B H K O N Ờ Y M U M
L A U D M C O Q Y N M L O T
H Ú N G Q U Ế A Y P C C G N
```

TỎI
THƠM
HÚNG QUẾ
CÓ LỢI
ẨM THỰC
GIẤM
THÌ LÀ
HOA
THÀNH PHẦN
VƯỜN

LÁ KINH GIỚI
BẠC HÀ
MÙI TÂY
CHẤT LƯỢNG
ROSEMARY
NGHỆ TÂY
HƯƠNG VỊ
XẠ HƯƠNG
XANH

9 - Véhicules

```
D R P M N M X E B U Ý T L T
X E Đ I Ễ N N G Ầ M B À Ố X
M X G T Ê N L Ử A R V U P E
X Á E I B C A R A V A N R Đ
E G Y T H U Y Ề N Đ X G B Ạ
T O C K A L P A H Ộ E Ầ È P
Ả A B R É Y U H A N T M C H
I O L Q R O G Q Y G Ắ L U À
X E L Ử A N Y A M C C O C B
C K K V I G V C Ơ X R P O
I Q L K A T U A L V I I G K
D D B P M M D K M U V G P Q
X E C Ứ U T H Ư Ơ N G A U U
M Á Y B A Y X E H Ơ I B N D
```

XE CỨU THƯƠNG
MÁY BAY
THUYỀN
XE BUÝT
XE TẢI
CARAVAN
PHÀ
TÊN LỬA
XE ĐIỆN NGẦM
ĐỘNG CƠ

LỐP
BÈ
XE TAY GA
TÀU NGẦM
XE TẮC XI
MÁY KÉO
XE LỬA
VAN
XE ĐẠP
XE HƠI

10 - Camping

```
V  K  V  D  C  Đ  G  B  T  R  N  S  N  G
I  Õ  A  B  D  Ộ  G  G  H  R  Ừ  Ă  Ú  R
C  D  N  B  Ả  N  Đ  Ồ  I  M  A  N  I  M
A  Ô  D  G  P  G  C  L  Ê  A  P  B  G  Q
B  N  N  M  I  V  M  R  N  V  N  Ắ  O  M
I  R  P  T  M  Ậ  X  Q  N  H  L  N  M  D
N  O  D  M  R  T  U  K  H  R  O  K  A  N
L  A  B  À  N  Ù  Ồ  R  I  Y  L  H  L  C
D  Â  Y  T  H  Ừ  N  G  Ê  T  I  Ồ  Ử  R
Đ  È  N  L  Ồ  N  G  N  D  Q  P  A  H
I  M  T  Ề  O  N  H  Q  Y  Q  P  C  T  K
U  U  O  U  K  I  A  T  H  I  Ế  T  B  Ị
M  Ặ  T  T  R  Ă  N  G  C  Y  C  Â  Y  K
Õ  N  G  G  R  H  C  I  Q  N  O  D  M  M
```

ĐỘNG VẬT	LỬA
CÂY	RỪNG
LA BÀN	VÕNG
CABIN	CÔN TRÙNG
XUỒNG	HỒ
BẢN ĐỒ	ĐÈN LỒNG
MŨ	MẶT TRĂNG
SĂN BẮN	NÚI
DÂY THỪNG	THIÊN NHIÊN
THIẾT BỊ	LỀU

11 - Conservation

```
I  M  Y  B  N  Q  T  C  M  V  A  P  X  H
H  K  P  I  Ư  K  H  Í  H  Ậ  U  H  A  Ẹ̃
U  Y  Y  R  Ở  R  A  T  U  N  Q  Ữ  N  S
K  K  Q  D  C  G  Y  H  Á  I  Q  U  H  I
X  E  Đ  Ạ  P  I  Đ  T  A  I  P  C  G  N
Q  C  L  V  V  Á  Ổ  G  U  B  C  Ơ  A  H
A  Y  T  P  K  O  I  I  R  Ề  B  H  B  T
I  L  Q  A  D  D  U  Ả  M  N  K  Ô  Ế  H
P  R  D  G  G  Ụ  P  M  L  V  L  N  O  Á
N  G  Y  N  P  C  M  M  P  Ữ  V  H  B  I
S  Ứ  C  K  H  Ỏ  E  T  Ự  N  H  I  Ê  N
G  A  V  Q  V  H  C  Q  C  G  N  Ễ  Q  T
T  H  U  Ố  C  T  R  Ừ  S  Â  U  M  B  L
A  A  N  P  M  M  Ô  I  T  R  Ư  Ờ  N  G
```

THAY ĐỔI   TỰ NHIÊN
KHÍ HẬU   HỮU CƠ
XE ĐẠP   THUỐC TRỪ SÂU
BỀN VỮNG   Ô NHIỄM
NƯỚC   TÁI CHẾ
MÔI TRƯỜNG   GIẢM
HỆ SINH THÁI   SỨC KHỎE
GIÁO DỤC   XANH

12 - Écologie

```
H Y R U L L G B T Y U P T T
L B M N K D K I O V V V À H
T Ự N H I Ê N Ể D Y L R I I
M K M O B K B N Đ A O C N Ê
S A B A H H Đ Ề Ộ L À C G N
P Ự R K O Í A T N Ú I C U N
B Q S S H H D R G V C Â Y H
I I Q Ố H Ậ Ạ N V M Ữ Y Ê I
M T M G N U N K Ậ I N N N Ê
F L O R A G G I T T N M G N
N R O C T P C T O À N C Ầ U
T H Ự C V Ậ T Ò H Ạ N H Á N
C Ộ N G Đ Ồ N G N B B Y V C
I Y Y L U M L Q H M Y M K N
```

KHÍ HẬU	BIỂN
CỘNG ĐỒNG	NÚI
ĐA DẠNG	THIÊN NHIÊN
BỀN VỮNG	TỰ NHIÊN
LOÀI	CÂY
ĐỘNG VẬT	TÀI NGUYÊN
FLORA	HẠN HÁN
TOÀN CẦU	SỰ SỐNG CÒN
MARSH	THỰC VẬT

13 - Astronomie

```
T  B  N  I  P  D  R  C  O  N  P  O  A  T
H  Ầ  A  R  H  H  M  U  L  B  A  R  K  R
I  U  V  K  Â  T  I  N  H  V  Â  N  N  Ọ
Ê  T  V  Ũ  N  G  Ê  R  C  R  L  G  P  N
N  R  Ễ  C  T  H  À  N  H  T  I  N  H  G
H  Ờ  T  T  I  R  A  B  L  H  T  C  I  L
À  I  I  R  A  O  Ụ  T  I  Ử  S  H  H  Ự
P  D  N  V  Á  B  Ứ  C  X  Ạ  A  Ò  À  C
C  V  H  K  Q  I  U  T  Y  I  O  M  N  I
P  P  T  N  H  G  Đ  R  O  P  C  S  H  I
S  A  O  B  Ă  N  G  Ấ  Q  U  H  A  G  Q
Z  O  D  I  A  C  M  Q  T  L  Ổ  O  I  H
G  B  M  Ặ  T  T  R  Ă  N  G  I  U  A  V
N  H  Ậ  T  T  H  Ự  C  R  K  B  P  Y  V
```

PHI HÀNH GIA TRỌNG LỰC
BẦU TRỜI MẶT TRĂNG
SAO CHỔI SAO BĂNG
CHÒM SAO TINH VÂN
VŨ TRỤ HÀNH TINH
NHẬT THỰC BỨC XẠ
PHẦN VỆ TINH
TÊN LỬA TRÁI ĐẤT
THIÊN HÀ ZODIAC

14 - Types de Cheveux

```
M  Q  U  C  B  D  L  X  B  A  D  O  M  V
À  Y  D  K  G  O  Q  O  Ễ  T  A  G  Ở  P
U  Y  D  C  H  O  I  Ă  N  B  Q  P  N  A
N  B  Ạ  C  M  Ở  Đ  N  G  Ắ  N  I  G  K
Â  M  H  T  Ề  L  E  R  L  V  R  T  T  H
U  T  H  C  M  A  N  M  Q  B  L  R  U  Ô
Q  N  K  O  B  I  K  D  Ạ  Y  K  Ắ  L  I
M  P  H  T  R  Q  D  D  Q  N  M  N  M  D
V  À  C  Ó  A  A  O  P  I  M  H  G  À  B
L  T  U  C  I  P  L  Q  M  R  D  N  U  Q
B  M  R  V  D  À  Y  D  À  I  M  P  X  K
R  B  L  À  S  Á  N  G  B  Ó  N  G  Á  P
Q  N  S  N  U  N  M  G  C  I  N  O  M  P
K  T  B  G  T  M  A  R  Y  C  U  M  H  O
```

BẠC	XOĂN
TRẮNG	MÀU XÁM
TÓC VÀNG	DÀI
CURLS	MÀU NÂU
SÁNG BÓNG	MỎNG
HÓI	ĐEN
MÀU	KHỎE MẠNH
NGẮN	KHÔ
MỀM	BRAIDS
DÀY	BỆN

15 - Restaurant #1

```
L O K N N K U U I I L Y O C
N M N A C T H À N H P H Ầ N
P Y G M I P Y Ă V U V I V A
T M A B B G B Á N H M Ì D U
H I I N H À B Ế P Ă N N A V
Ứ B M Ư B R O I C O N D H L
C G C Ớ V L Đ G V Q Q H P C
Ă P U C A Y Ĩ Ặ D Ị Ứ N G À
N C U X I V A L T A R A B P
B I D Ố T H Ị T B P O K G H
N K T T N U O C N I H R T Ê
P G A N G D B Á T B P Ò D R
P V P V B T H Ự C Đ Ơ N N Y
N Ữ P H Ụ C V Ụ C Y A U Y G
```

DỊ ỨNG	THỨC ĂN
ĐĨA	BÁNH MÌ
BÁT	GÀ
CÀ PHÊ	ĐẶT PHÒNG
DAO	NƯỚC XỐT
NHÀ BẾP	NỮ PHỤC VỤ
CAY	KHĂN ĂN
THÀNH PHẦN	THỊT
THỰC ĐƠN	

16 - Mammifères

```
H  C  O  Y  O  T  E  P  T  A  D  G  M  K
Ư  H  O  M  B  Y  O  C  O  N  M  È  O  G
Ơ  Ó  T  N  K  H  Ỉ  Á  S  V  T  T  K  Ấ
U  S  I  T  H  Y  R  H  C  Ư  U  H  L  U
C  Ó  C  Q  Ỉ  Ổ  N  E  Á  Ừ  T  Ỏ  U  Y
A  I  B  Ò  Đ  Ự  C  O  V  L  U  Ử  C  K
O  H  P  R  Ộ  C  D  O  O  K  B  V  N  A
C  P  N  T  T  A  L  B  I  G  H  N  B  R
Ổ  B  D  R  T  U  T  V  C  N  M  L  G  C
A  B  O  L  A  A  O  Q  O  B  K  B  V  H
L  K  N  G  Ự  A  V  Ằ  N  N  N  U  P  Ó
L  N  G  Ự  A  L  O  A  V  V  C  N  V  P
L  K  R  T  I  P  N  L  O  R  Á  R  D  Q
K  A  N  G  A  R  O  O  I  P  O  R  Y  N
```

CÁ VOI	THỎ
CON MÈO	SƯ TỬ
NGỰA	CHÓ SÓI
CHÓ	CỪU
COYOTE	GẤU
CÁ HEO	CÁO
CON VOI	KHỈ
HƯƠU CAO CỔ	BÒ ĐỰC
KHỈ ĐỘT	CON HỔ
KANGAROO	NGỰA VẰN

17 - Sports

```
A  K  S  L  Y  N  Q  N  G  G  L  N  T  X
L  L  D  Â  B  Q  I  O  Đ  O  Ự  G  R  E
H  Q  U  Ầ  N  V  Ợ  T  Ộ  L  C  Ư  Ò  Đ
P  Y  V  O  V  V  H  U  I  F  S  Ờ  C  Ạ
V  P  H  P  Q  R  Ậ  C  B  Y  Ĩ  I  H  P
B  Ó  N  G  R  Ổ  I  N  I  A  P  C  Ơ  M
A  P  Q  K  N  N  H  R  Đ  D  H  H  I  L
G  Y  M  N  A  S  I  U  M  Ộ  O  Ơ  U  U
K  H  Ú  C  C  Ô  N  C  Ầ  U  N  I  G  A
U  B  Ó  N  G  C  H  À  Y  U  G  G  V  L
I  A  Q  H  O  T  R  Ọ  N  G  T  À  I  T
C  H  Ứ  C  V  Ô  Đ  Ị  C  H  R  T  G  A
R  Y  P  C  T  H  Ể  D  Ụ  C  À  K  L  B
G  H  Q  T  Y  I  H  T  P  N  O  K  C  B
```

TRỌNG TÀI	THỂ DỤC
LỰC SĨ	KHÚC CÔN CẦU
BÓNG CHÀY	TRÒ CHƠI
BÓNG RỔ	NGƯỜI CHƠI
CHỨC VÔ ĐỊCH	PHONG TRÀO
ĐỘI	SÂN VẬN ĐỘNG
GOLF	QUẦN VỢT
GYMNASIUM	XE ĐẠP

18 - Chocolat

```
V  H  Y  O  I  R  D  I  M  M  A  C  A  H
C  I  T  D  V  H  B  I  V  C  G  A  N  Y
C  H  L  Ừ  R  Đ  Ắ  N  G  U  N  C  T  Ê
A  C  Ấ  A  K  Ẹ  O  L  R  V  G  A  I  U
R  Ô  Đ  T  Ỳ  B  P  T  P  Ị  Ọ  O  O  T
A  N  Ậ  H  L  R  H  B  T  V  T  N  X  H
M  G  U  À  Ạ  Ư  C  Ộ  C  L  I  G  I  Í
E  T  P  N  H  Y  Ợ  T  U  A  Q  O  D  C
L  H  H  H  M  Ư  G  N  V  M  L  N  A  H
L  Ứ  Ộ  P  C  U  Ơ  P  G  M  L  O  N  T
R  C  N  H  O  H  Q  N  T  Q  L  M  T  H
R  H  G  Ầ  B  P  C  I  G  Y  D  P  P  Ơ
A  Q  U  N  Đ  Ư  Ờ  N  G  V  D  P  V  M
Y  Q  H  H  Y  R  P  P  U  I  Ị  I  M  H
```

ĐẮNG	KỲ LẠ
ANTIOXIDANT	YÊU THÍCH
THƠM	VỊ
KẸO	THÀNH PHẦN
ĐẬU PHỘNG	DỪA
CACAO	BỘT
CALO	CHẤT LƯỢNG
CARAMEL	CÔNG THỨC
NGON	HƯƠNG VỊ
NGỌT	ĐƯỜNG

19 - Mathématiques

```
B  L  G  Y  B  H  A  M  C  Ầ  U  Đ  H  D
Á  A  R  S  T  K  L  Ù  C  T  P  Ư  Ì  Q
N  Đ  T  O  Đ  Ố  I  X  Ứ  N  G  Ờ  N  U
K  V  A  N  S  Ố  H  Ọ  C  M  Y  N  H  Ả
Í  P  M  G  Ó  C  T  Ổ  N  G  T  G  C  N
N  D  G  S  I  U  R  V  R  O  B  K  H  G
H  T  I  O  M  Á  O  P  G  T  V  Í  Ữ  T
Ì  H  Á  N  Ũ  N  C  U  I  N  U  N  N  R
N  Ậ  C  G  B  N  K  A  A  C  Ô  H  H  Ư
H  P  H  Ư  Ơ  N  G  T  R  Ì  N  H  Ậ  Ờ
H  P  U  M  U  D  Y  G  R  A  G  C  T  N
Ọ  H  V  Â  M  L  Ư  Ợ  N  G  G  O  U  G
C  Â  I  Y  D  U  I  R  C  R  Ó  R  G  O
D  N  P  H  Â  N  S  Ố  K  P  C  M  K  Q
```

GÓC	VUÔNG GÓC
SỐ HỌC	CHU VI
QUẢNG TRƯỜNG	ĐA GIÁC
THẬP PHÂN	BÁN KÍNH
ĐƯỜNG KÍNH	HÌNH CHỮ NHẬT
MŨ	TỔNG
PHƯƠNG TRÌNH	CẦU
PHÂN SỐ	ĐỐI XỨNG
HÌNH HỌC	TAM GIÁC
SONG SONG	ÂM LƯỢNG

20 - Mythologie

```
U  H  B  B  N  Y  C  H  K  K  V  T  S  G
H  À  K  G  O  T  D  V  Ă  N  H  O  Á  N
C  N  H  R  D  U  C  T  M  Ê  C  U  N  G
H  H  S  Ứ  C  M  Ạ  N  H  P  K  I  G  U
I  V  Ự  É  Y  G  T  N  N  D  G  A  T  Y
Ế  I  B  S  T  N  I  Ề  M  T  I  N  Ạ  Ê
N  A  Ấ  Ấ  I  M  M  A  Y  N  V  H  O  N
B  T  T  M  L  N  L  C  R  T  B  H  G  M
I  H  T  R  Ả  T  H  Ù  Ó  I  P  Ù  L  Ã
N  Ả  Ử  B  H  M  H  V  Y  C  Q  N  I  U
H  M  G  H  E  N  U  M  Ậ  R  H  G  A  O
G  H  R  Q  U  Á  I  V  Ậ  T  R  Ế  Q  I
D  Ọ  H  U  Y  Ề  N  D  I  Ễ  U  L  T  P
B  A  T  R  U  Y  Ề  N  T  H  U  Y  Ế  T
```

NGUYÊN MẪU	ANH HÙNG
THẢM HỌA	SỰ BẤT TỬ
HÀNH VI	GHEN
SÁNG TẠO	MÊ CUNG
SINH VẬT	TRUYỀN THUYẾT
NIỀM TIN	HUYỀN DIỆU
VĂN HOÁ	QUÁI VẬT
SÉT	CÓ CHẾT
SỨC MẠNH	SẤM
CHIẾN BINH	TRẢ THÙ

21 - Restaurant #2

```
L  I  K  H  L  A  U  M  H  M  M  C  Đ  P
A  N  U  I  U  H  R  G  K  N  M  A  Ồ  Y
O  I  V  T  R  Á  I  C  Â  Y  C  U  U  C
N  G  O  N  A  K  O  S  Q  G  Á  Y  Ố  I
G  H  N  Ư  U  D  N  A  Q  M  I  K  N  I
B  Ế  T  Ớ  I  L  N  L  C  R  T  A  G  T
Ă  Ữ  N  C  I  B  B  A  V  C  H  K  V  R
N  B  A  N  C  B  Á  D  O  V  Ì  M  Q  Ị
G  Ữ  O  T  R  Ứ  N  G  K  G  A  M  R  I
U  A  H  Ố  G  H  C  Á  I  N  Ĩ  A  C
U  T  L  Y  T  I  O  K  L  V  B  M  R  Á
A  R  S  D  K  B  R  O  O  M  P  O  T  R
H  Ư  Ú  K  H  Y  I  A  Y  Ì  Q  V  N  L
K  A  P  H  Ụ  C  V  Ụ  N  A  M  H  V  V
```

ĐỒ UỐNG	BÁNH
GHẾ	BĂNG
CÁI THÌA	RAU
BỮA TRƯA	MÌ
NGON	TRỨNG
BỮA TỐI	CÁ
NƯỚC	SALAD
GIA VỊ	MUỐI
CÁI NĨA	PHỤC VỤ NAM
TRÁI CÂY	SÚP

22 - Couleurs

```
U M À U X A N H M V A M C G
X A D T V B C U R D V À H O
Á G P H R L C V K V G U À Q
M E F Ồ D N A B C A P B M Y
M N U N A U K Z C P G E M I
À T C G V N Q M U D D U R A
U A H A L Y M Y O R B C Q O
N V S H M À U T Í M E H M N
Â O I P A A R B A C C N À Â
U L A H G B R K G K G G U U
A Y L Y U Q B A N M Đ A V Đ
Đ X A N H T R Ắ N G Ỏ L À Ỏ
C E I K M T U M H B O K N I
C C N B R C A D V R A N G N
```

AZURE

MÀU BE

TRẮNG

MÀU XANH

FUCHSIA

XÁM

CHÀM

MÀU VÀNG

MAGENTA

MÀU NÂU

ĐEN

CAM

HỒNG

ĐỎ

NÂU ĐỎ

XANH

MÀU TÍM

23 - Avions

```
I  R  G  P  H  I  C  Ô  N  G  Đ  U  H  I
B  T  H  N  L  À  Y  O  A  H  Ộ  N  Ạ  Q
H  X  Â  Y  D  Ự  N  G  O  I  N  A  X  T
B  K  H  Ô  N  G  K  H  Í  U  G  I  U  P
C  Á  N  H  Q  U  Ạ  T  K  R  C  C  Ố  H
H  Ư  Ớ  N  G  Đ  Ổ  B  Ộ  H  Ơ  Đ  N  I
B  Ầ  U  T  R  Ờ  I  M  Ó  I  Á  Ộ  G  H
L  Ị  C  H  S  Ử  U  G  Y  N  K  C  A  À
T  H  I  Ế  T  K  Ế  P  B  C  G  A  H  N
R  A  A  M  C  H  I  Ề  U  C  A  O  Y  H
N  P  G  M  V  U  R  N  C  P  H  T  D  Đ
K  N  N  H  I  Ê  N  L  I  Ễ  U  D  R  O
T  H  Ờ  I  T  I  Ế  T  B  A  A  N  O  À
N  H  I  Ễ  U  L  O  Ạ  N  N  R  B  I  N
```

ĐỘ CAO	PHI HÀNH ĐOÀN
KHÔNG KHÍ	CHIỀU CAO
ĐỔ BỘ	CÁNH QUẠT
BÓNG	LỊCH SỬ
NHIÊN LIỆU	HYDRO
BẦU TRỜI	THỜI TIẾT
XÂY DỰNG	ĐỘNG CƠ
HẠ XUỐNG	HÀNH KHÁCH
THIẾT KẾ	PHI CÔNG
HƯỚNG	NHIỄU LOẠN

24 - Aventure

```
Đ  H  Y  C  B  I  A  V  N  H  M  C  K  B
I  À  C  T  T  K  N  Ẻ  V  Ă  N  Ớ  D  Ạ
Ể  N  D  H  O  Ạ  T  Đ  Ộ  N  G  V  I  N
M  H  Ã  I  U  Q  O  Ẹ  H  G  U  D  A  B
Đ  T  N  Ê  L  Ả  À  P  Q  H  Y  B  H  È
Ế  R  Đ  N  H  V  N  C  G  Á  H  U  L  A
N  Ì  Ư  N  G  Y  I  B  L  I  I  I  R  L
K  N  Ờ  H  P  R  Ề  K  Ị  K  Ể  N  U  H
A  H  N  I  M  Q  M  K  H  N  M  N  Q  L
H  Q  G  Ê  N  M  V  A  P  Ó  N  M  Q  K
Y  U  K  N  G  N  U  P  T  R  K  Q  K  T
C  Ơ  H  Ộ  I  R  I  C  I  I  B  H  G  B
V  D  H  R  L  N  G  Đ  Y  K  T  U  Ă  D
C  K  R  H  C  Q  U  I  U  T  T  M  D  N
```

HOẠT ĐỘNG   HÀNH TRÌNH
BẠN BÈ   NIỀM VUI
VẺ ĐẸP   THIÊN NHIÊN
CƠ HỘI   DẪN ĐƯỜNG
NGUY HIỂM   MỚI
ĐIỂM ĐẾN   CHUẨN BỊ
KHÓ KHĂN   AN TOÀN
HĂNG HÁI   ĐI

25 - Ville

```
B V C S Q T H Ư V I Ễ N I H
Ộ D C R A N R R Ạ P H Á T O
S M U N R L C Ư S Â N B A Y
Ư V N S S T O Y Ờ N U G U I
U Y G I Â B I N K N N T U C
T R Ư Ê N G P Ễ L O G G N Q
Ậ H Ờ U V A C R M V Â H I B
P I I T Ậ R C P A T N P Ọ A
M Ẽ B H N N C C M T H O T C
R U Á Ị Đ Ạ I H Ọ C À U C Q
Y S N N Ộ B Ả O T À N G Ố H
H Á H Q N S Ở T H Ú G G L C
I C O Y G K H Á C H S Ạ N G
M H A C Ử A H À N G D V D Y
```

SÂN BAY
NGÂN HÀNG
THƯ VIỆN
TRƯỜNG HỌC
NGƯỜI BÁN HOA
BỘ SƯU TẬP
KHÁCH SẠN
HIỆU SÁCH
CỬA HÀNG

BẢO TÀNG
TIỆM THUỐC
SALON
SÂN VẬN ĐỘNG
SIÊU THỊ
RẠP HÁT
ĐẠI HỌC
SỞ THÚ

26 - Cuisine

```
K U A L R C H I O R H B Q V
V H Y C U G V I M R C U V U
L G Ă F O R K S A Y U A G O
K B G N Ư Ớ N G G L O L Q H
M Á Đ I Ă Y N H C G N I D D
B T Ũ O A N N D Q N K Ấ M O
Ọ D A D R V N G K I P D U O
T H Ì A L Y Ị B T L K U L I
B Ủ Q I Ò B Ì N H T K M C I
I D L T Ạ P D Ề Ứ O T K L I
Ể O M Ạ B U A C C Y U A O I
N B N K N B O O Ă B O C K U
M Q B R U H I K N Y I T M Q
C Ô N G T H Ứ C N M I D H O
```

ĐŨA	FORKS
BÁT	NƯỚNG
ẤM	THỨC ĂN
DAO	CÔNG THỨC
BÌNH	TỦ LẠNH
THÌA	KHĂN ĂN
GIA VỊ	TẠP DỀ
BỌT BIỂN	LY
LÒ	

27 - Corps Humain

```
M  L  L  V  D  Ầ  U  G  Ố  I  B  K  Đ
R  Ắ  M  O  A  M  Á  U  A  K  C  M  L  Ố
I  V  T  Y  V  I  K  I  B  N  I  M  M  I
Y  O  Q  C  Ổ  Ẽ  H  T  I  M  T  A  I  M
I  P  B  Ằ  Á  N  U  V  B  H  À  M  I  Ặ
T  R  M  M  P  G  Ỷ  N  T  Ụ  V  Y  M  T
B  C  G  Q  Đ  Ầ  U  U  T  R  N  M  Ũ  I
Đ  Ô  I  M  Ô  I  T  M  O  B  M  G  O  P
T  M  Q  C  D  L  A  K  Q  K  M  G  H  T
Q  C  V  I  D  Q  Y  K  R  K  T  O  R  R
Y  V  T  A  H  G  R  C  G  H  P  P  R  Q
R  R  G  Y  H  Q  R  N  O  B  V  Q  M  U
N  G  Ó  N  T  A  Y  I  V  N  P  Y  M  D
Y  A  C  B  M  Q  V  P  T  A  Y  B  C  B
```

MIỆNG	ĐÔI MÔI
ÓC	TAY
MẮT CÁ	HÀM
CỔ	CẰM
KHUỶU TAY	MŨI
TIM	TAI
NGÓN TAY	DA
BỤNG	MÁU
VAI	ĐẦU
ĐẦU GỐI	ĐỐI MẶT

28 - Épices

```
N  M  N  R  O  A  Đ  Ắ  N  G  Ừ  N  G  Ớ
G  C  H  B  L  V  D  O  P  Q  Y  H  I  T
H  Y  T  C  Â  Y  T  H  Ì  L  À  Ụ  H  C
Ễ  V  C  Q  Â  G  Ỏ  À  O  O  K  C  Ư  Ự
T  I  Ê  U  K  Y  I  N  A  N  K  Đ  Ơ  A
Â  Q  C  Ế  M  P  H  H  C  G  C  Ậ  N  G
Y  T  À  P  U  V  Y  Ồ  M  T  C  U  G  À
R  D  R  M  Ố  C  U  Y  I  G  P  K  V  G
H  A  I  O  I  T  H  Ì  L  À  R  H  Ị  N
O  B  U  C  C  A  M  T  H  Ả  O  Ấ  C  O
P  U  H  M  T  H  Ả  O  Q  U  Ả  U  T  K
D  D  C  K  Ù  A  U  B  O  M  U  V  Q  M
U  P  D  U  U  I  G  A  Y  Y  K  P  I  T
N  V  P  V  K  O  D  O  N  V  A  N  I  G
```

CHUA	GỪNG
TỎI	NHỤC ĐẬU KHẤU
ĐẮNG	HÀNH
CÂY HỒI	ỚT CỰA GÀ
QUẾ	TIÊU
THẢO QUẢ	CAM THẢO
RAU MÙI	NGHỆ TÂY
CÂY THÌ LÀ	HƯƠNG VỊ
CÀ RI	MUỐI
THÌ LÀ	VANI

29 - Science

```
G  I  Ả  T  H  U  Y  Ế  T  H  N  V  H  N
K  H  O  Á  N  G  S  Ả  N  A  O  R  Ó  G
R  G  B  M  P  P  H  Â  N  T  Ử  P  A  U
P  U  R  U  M  H  P  C  T  N  H  K  T  Y
K  L  M  L  B  B  Ư  G  I  V  U  M  H  Ê
H  H  O  M  C  O  U  Ơ  Ế  K  M  B  Ạ  N
N  Ó  Í  R  P  Q  U  A  N  S  Á  T  C  T
C  D  A  H  O  A  R  Y  H  G  O  D  H  Ử
Â  Ữ  M  C  Ậ  H  Ạ  T  Ó  V  P  H  G  H
Y  L  T  I  H  U  P  V  A  R  A  H  Y  O
M  I  T  D  L  Ấ  M  Ậ  G  U  U  K  Á  P
O  Ễ  Q  T  O  D  T  T  H  Ự  C  T  Ế  P
T  U  T  R  Ọ  N  G  L  Ự  C  I  P  Y  D
L  Q  Y  H  K  O  H  Ý  N  P  N  N  L  I
```

NGUYÊN TỬ	GIẢ THUYẾT
HÓA CHẤT	PHƯƠNG PHÁP
KHÍ HẬU	KHOÁNG SẢN
DỮ LIỆU	PHÂN TỬ
TIẾN HÓA	QUAN SÁT
THỰC TẾ	HẠT
HÓA THẠCH	VẬT LÝ
TRỌNG LỰC	CÂY

30 - Chats

```
C D T M H C R K A Í T B V C
H G R O B O Q U D Q H U Y T
U R V Q Y T A V Y C Ợ Ồ H G
Ộ Đ K Y N D A N V U S N A H
T Ộ C Á T Í N H G V Ă C Q C
V C A D Y G Y R H D N Ư N P
P L V Q Q L C S Ợ I Ã Ờ H D
N Ậ G L I N A H R D C I Ú G
M P Y R H Q Q C Â N O Q T T
N H A N H N N R H N Y Q N M
L C Đ U Ô I T N D N A M H V
V U I T Ư Ơ I Ờ R N D I Á G
H I Ê B Y H H H M N G Ủ T Y
P M N A Y L L Q H Ò C I C P
```

THỢ SĂN	CHÂN
TÒ MÒ	CÁ TÍNH
NGỦ	ÍT
BUỒN CƯỜI	ĐUÔI
VUI TƯƠI	NHANH
SỢI	HOANG DÃ
ĐIÊN	CHUỘT
ĐỘC LẬP	NHÚT NHÁT

31 - Vêtements

```
H K Q Y V Ò N G T A Y M K Y
L A U I V I R I I L A O H O
P I Ầ I A G Q À N T D T Ă K
V Ò N G C Ổ Y Y Y Q U Ầ N P
Á I J T H Ờ I T R A N G Q A
Y B E L A U L M C B Ă Ă U J
D V A T M Q U C R T A N À A
Y É N R T H Ắ T L Ư N G N M
Á D P A Á G B Q I H A T G A
O K H N C O T Ạ P D Ề A C D
C V D G T P L U N B B Y Ổ L
Á Á O S Ơ M I E O T B A T A
N T P Ứ B Ũ B A N H Q N D B
H N I C C L Á O K H O Á C Q
```

TRANG SỨC   QUẦN JEAN
VÒNG TAY   VÁY
THẮT LƯNG   THỜI TRANG
MŨ   QUẦN
GIÀY   ÁO LEN
ÁO SƠ MI   PAJAMA
ÁO CÁNH   ĂN
VÒNG CỔ   DÉP
KHĂN QUÀNG CỔ   TẠP DỀ
GĂNG TAY   ÁO KHOÁC

32 - Arts Visuels

```
Q U A N Đ I Ể M B M P G T K
C Đ Ấ T S É T A Ứ D H I H Đ
Á H Ồ V Ẽ C V T C C I Ấ À I
I Q Â G U A Y B T K M Y N Ê
B U L N Ố C L R R R Ả N H U
Ú D B L D M R G A K N Ế P K
T B U A Q U Ả K N I H N H
B Ú T C H Ì N G H Ệ S Ĩ Ầ Ắ
H R H Y M N H G M T Á B N C
A M R L M P C Q M T N R V O
V R S L L Y H I V Á G P R K
U H M Á M K Ụ K R C T P D N
R M V P P O P H Ấ N Ạ Q O R
D I K I Ế N T R Ú C O P M Q
```

KIẾN TRÚC
ĐẤT SÉT
NGHỆ SĨ
KIỆT TÁC
VẼ
SÁP
THÀNH PHẦN
PHẤN
BÚT CHÌ
SÁNG TẠO

PHIM ẢNH
BỨC TRANH
QUAN ĐIỂM
ẢNH CHỤP
GIẤY NẾN
CHÂN DUNG
ĐỒ GỐM
ĐIÊU KHẮC
CÁI BÚT

33 - Méditation

```
T H Ư Ơ N G H Ạ I O L T K G
T H Ó I Q U E N A K Ò O K C
Â M N H Ạ C O Q U A N S Á T
L T U R I K C H Ú Ý G H C O
Ò Â R Õ R À N G C P B Ò H N
N M L A G B I R R H I A Ấ P
G T K N T Y Y T I O Ế B P V
T H I Ê N N H I Ê N T Ì N T
Ố Ằ L L C P T C B G Ơ N H H
T N C Í Ặ Ả C V P T N H Ậ Ở
L R Y Y T N M M D R K U N Y
T Ư T H Ế R G X P À H Q L U
I M L Ặ N G Í L Ú O B O R C
Q U A N Đ I Ể M M C Y U M Y
```

CHẤP NHẬN   TÂM THẦN
CHÚ Ý   PHONG TRÀO
LẶNG   ÂM NHẠC
RÕ RÀNG   THIÊN NHIÊN
THƯƠNG HẠI   QUAN SÁT
LÍ TRÍ   HÒA BÌNH
CẢM XÚC   QUAN ĐIỂM
LÒNG TỐT   TƯ THẾ
LÒNG BIẾT ƠN   THỞ
THÓI QUEN   IM LẶNG

34 - Littérature

```
H  B  I  K  Ị  C  H  K  T  I  Ể  U  S  Ử
S  Ộ  B  K  A  N  B  À  I  T  H  Ơ  O  G
P  Ự  I  C  D  Y  Q  G  Ể  Ư  I  R  S  I
H  L  M  T  H  O  U  T  U  Ơ  Y  T  Á  A
Â  N  O  I  H  A  B  Á  T  N  V  Ầ  N  I
N  H  Ị  P  Ê  O  I  C  H  G  U  B  H  T
T  H  Y  K  H  U  Ạ  G  U  T  R  B  B  H
Í  Ý  K  I  Ế  N  T  I  Y  Ự  A  B  O  O
C  O  M  N  Y  N  R  Ả  Ế  Q  R  Q  G  Ạ
H  G  T  H  Ơ  U  Ẩ  A  T  Q  Q  R  V  I
P  R  Y  D  P  H  O  N  G  C  Á  C  H  C
Q  T  T  M  C  P  U  K  D  D  V  Y  Y  H
C  H  Ủ  Đ  Ề  N  D  N  H  Ụ  L  A  M  I
V  I  Ễ  N  T  Ư  Ở  N  G  M  I  K  O  U
```

TƯƠNG TỰ	Ý KIẾN
PHÂN TÍCH	BÀI THƠ
GIAI THOẠI	THƠ
TÁC GIẢ	VẦN
TIỂU SỬ	TIỂU THUYẾT
SO SÁNH	NHỊP
SỰ MIÊU TẢ	PHONG CÁCH
HỘI THOẠI	CHỦ ĐỀ
VIỄN TƯỞNG	BI KỊCH
ẨN DỤ	

35 - Nourriture #1

```
U  N  M  D  C  H  S  Ữ  A  C  O  O  A  M
C  K  L  Ê  L  Ú  À  K  T  À  H  Q  Y  U
C  Ủ  C  Ả  I  N  R  N  D  P  D  A  B  Ố
L  Á  V  K  R  G  A  D  H  H  Â  T  N  I
Ú  P  N  T  H  Q  U  Ế  T  Ê  U  B  U  H
A  O  Ư  G  O  U  B  N  H  N  T  Ỏ  I  G
M  B  Ớ  I  Ừ  Ế  I  O  Ị  P  Â  D  Q  T
Ạ  H  C  N  Đ  B  N  I  T  D  Y  B  C  H
C  C  É  U  Ư  M  A  O  P  O  Q  I  À  I
H  R  P  C  Ờ  G  D  U  K  H  B  T  R  M
R  D  B  Y  N  H  Q  B  I  K  G  O  Ố  B
T  R  Q  R  G  S  A  L  A  D  H  B  T  Q
M  T  C  G  Q  Ú  L  U  U  G  V  U  T  H
C  I  M  C  V  P  L  M  O  T  V  I  G  R
```

TỎI	CỦ CẢI
HÚNG QUẾ	HÀNH
CÀ PHÊ	LÚA MẠCH
QUẾ	LÊ
CÀ RỐT	SALAD
CHANH	MUỐI
RAU BINA	SÚP
DÂU TÂY	ĐƯỜNG
NƯỚC ÉP	CÁ NGỪ
SỮA	THỊT

36 - Jours et Mois

```
I  D  Q  H  H  B  V  I  I  P  C  N  T  M
Y  K  H  A  C  T  V  M  M  L  D  T  H  A
N  T  H  Á  N  G  M  Ộ  T  Ị  B  R  Á  T
B  Ă  Q  O  G  G  R  V  Y  C  U  R  N  H
Q  D  M  A  A  Y  À  T  T  H  Á  N  G  Á
T  T  H  Ứ  B  A  B  Y  H  A  B  D  9  N
U  N  M  R  B  U  G  T  H  Ứ  B  Ả  Y  G
Ầ  K  G  T  K  T  C  H  Ủ  N  H  Ậ  T  T
N  T  H  Ứ  N  Ă  M  H  P  G  M  A  M  Ư
Y  H  T  H  Á  N  G  B  Ả  Y  K  R  I  L
Y  Ứ  U  R  M  T  H  Á  N  G  S  Á  U  T
O  T  H  Á  N  G  H  A  I  O  I  C  B  L
K  Ư  T  H  Á  N  G  M  Ư  Ờ  I  H  M  V
T  H  Á  N  G  1  2  T  H  Ứ  S  Á  U  M
```

NĂM	THÁNG SÁU
NGÀY	THỨ HAI
THÁNG TƯ	THỨ BA
LỊCH	THỨ TƯ
THÁNG 12	THÁNG
CHỦ NHẬT	THÁNG MƯỜI
THÁNG HAI	THỨ BẢY
THÁNG MỘT	TUẦN
THỨ NĂM	THÁNG 9
THÁNG BẢY	THỨ SÁU

37 - Pirates

```
U  U  R  A  T  B  U  P  N  U  C  X  Ấ  U
B  Ả  N  Đ  Ồ  H  G  R  R  P  O  G  U  T
C  U  E  Ả  I  L  A  B  À  N  N  G  B  R
Đ  L  O  O  H  C  Ờ  N  Y  H  V  H  R  U
Ồ  B  Ã  I  B  I  Ể  N  H  T  Ẹ  G  U  Y
N  G  U  Y  H  I  Ể  M  K  K  T  G  R  Ề
G  V  À  N  G  I  K  G  R  H  I  L  V  N
X  Đ  Ạ  I  D  Ư  Ơ  N  G  Q  A  Ế  B  T
U  U  D  B  G  A  D  I  N  U  Y  N  M  H
T  B  N  B  R  U  M  A  U  V  M  D  G  U
M  T  H  U  Y  Ề  N  T  R  Ư  Ở  N  G  Y
S  P  H  I  H  À  N  H  Đ  O  À  N  R  Ế
V  Ẹ  L  O  H  H  Q  M  H  N  L  Q  I  T
K  H  O  B  Á  U  U  N  Y  C  L  N  C  Q
```

NEO	ĐẢO
LA BÀN	TRUYỀN THUYẾT
THUYỀN TRƯỞNG	XẤU
BẢN ĐỒ	ĐẠI DƯƠNG
SẸO	VÀNG
NGUY HIỂM	CON VẸT
CỜ	ĐỒNG XU
THANH KIẾM	BÃI BIỂN
PHI HÀNH ĐOÀN	RUM
HANG	KHO BÁU

38 - Activités

```
T  H  À  I  L  Ò  N  G  S  L  Đ  M  Y  V
R  O  M  A  T  H  U  Ậ  T  Ă  A  G  V  N
Ò  Ạ  T  R  L  À  M  V  Ư  Ờ  N  A  C  N
C  T  C  Â  U  C  Á  R  I  M  Đ  B  T  T
H  Đ  Ắ  V  M  I  P  R  M  Y  Ồ  Ứ  Ắ  H
Ơ  Ộ  M  N  B  A  B  G  Y  K  T  C  N  N
I  N  T  V  H  Y  G  A  H  Ỹ  H  T  G  D
M  G  R  Y  Đ  I  R  N  D  N  Ủ  R  H  D
Q  I  Ạ  M  Ọ  N  Ế  N  V  Ă  C  A  Ễ  V
A  Ả  I  G  C  N  O  P  P  N  Ô  N  T  V
G  I  C  Â  U  Đ  Ố  G  Ả  G  N  H  H  Q
Q  T  T  H  Ư  G  I  Ã  N  N  G  U  U  U
D  R  M  A  Y  I  P  K  N  M  H  Q  Ậ  U
R  Í  U  D  G  N  N  B  O  I  H  B  T  A
```

HOẠT ĐỘNG	GIẢI TRÍ
NGHỆ THUẬT	MA THUẬT
ĐỒ THỦ CÔNG	BỨC TRANH
CẮM TRẠI	CÂU CÁ
SĂN BẮN	NHIẾP ẢNH
KỸ NĂNG	HÀI LÒNG
MAY	CÂU ĐỐ
LÀM VƯỜN	THƯ GIÃN
TRÒ CHƠI	ĐAN
ĐỌC	

39 - Fleurs

```
T  Ử  Đ  I  N  H  H  Ư  Ơ  N  G  P  N  B
D  P  H  O  A  L  O  A  K  È  N  O  I  I
H  H  Ư  Ớ  N  G  D  Ư  Ơ  N  G  P  Y  B
O  O  G  C  Ỏ  B  A  L  Á  G  R  P  Q  O
A  N  I  K  I  Ó  U  H  M  Y  I  Y  R  N
O  G  J  D  P  H  O  A  M  Ẫ  U  Đ  Ơ  N
Ả  L  C  A  G  O  O  B  T  A  L  G  L  C
I  A  Á  I  S  A  P  L  U  M  E  R  I  A
H  N  N  S  B  M  R  Y  B  O  U  T  Y  T
Ư  K  H  Y  D  U  I  D  D  Â  M  B  Ụ  T
Ơ  K  H  L  D  I  K  N  E  H  P  D  G  K
N  H  O  A  H  Ồ  N  G  E  N  V  P  Y  H
G  M  A  G  N  O  L  I  A  P  I  L  D  C
O  O  H  V  T  B  Ồ  C  Ô  N  G  A  N  H
```

BÓ HOA	PHONG LAN
GARDENIA	POPPY
DÂM BỤT	CÁNH HOA
JASMINE	BỒ CÔNG ANH
HOA OẢI HƯƠNG	HOA MẪU ĐƠN
TỬ ĐINH HƯƠNG	PLUMERIA
HOA LOA KÈN	HOA HỒNG
MAGNOLIA	HƯỚNG DƯƠNG
DAISY	CỎ BA LÁ

40 - Nourriture #2

```
Q P R C P T S Q Q C H P H C
H U U Q V L Ô A C À C H U A
H M Ả M A N C Ầ N T Â Y D R
Q T U A C O Ô M A Í R Y B T
C Á T P N C L Ú A M Ì Ứ Á Q
L M Á V H H A Q K G T H N B
G T O P O U Đ H Q I R Ạ H G
À Ạ Q L P Ố K À M Ă Á N M B
M P O R M I B V O M I H Ì Y
Q U Ả K I W I P Q B X N Ấ M
I B Y K N M P B H Ô O H Y C
N O A L L C B R H N À Â K L
D D L K O B U G H G I N R D
B Ô N G C Ả I X A N H H O H
```

HẠNH NHÂN	QUẢ KIWI
CÀ TÍM	TRÁI XOÀI
CHUỐI	TRỨNG
LÚA MÌ	BÁNH MÌ
BÔNG CẢI XANH	CÁ
QUẢ ANH ĐÀO	TÁO
CẦN TÂY	GÀ
NẤM	NHO
SÔ CÔ LA	GẠO
GIĂM BÔNG	CÀ CHUA

41 - Océan

```
C C K N Y D G I Q R I T T Q
Á N Q H H C A Y V U R L N Q
M M B Ạ C H T U Ộ C K O Y C
Ậ U Ã O A O U R Y G R C Y D
P Ố O Q U T H Ủ Y T R I Ề U
K I T B H Ô L V Y C O I Q Y
C C Á Ọ S M K T H U Y Ề N I
Á Á P T M Ứ B R Ù A O U D A
V N D B M H A Ả S A N H Ô C
O G T I M C O L Ư Ơ N I A Á
I Ừ O Ể D V Q Ạ S Y N V H H
P V K N H À U I M Ó V H K E
C N M L N L A B L K N N R O
Q R T B V T T Q L R Y G V G
```

LƯƠN	SỨA
CÁ VOI	CÁ
THUYỀN	BẠCH TUỘC
SAN HÔ	CÁ MẬP
CUA	TRẢ LẠI
TÔM	MUỐI
CÁ HEO	BÃO TÁP
BỌT BIỂN	CÁ NGỪ
HÀU	RÙA
THỦY TRIỀU	SÓNG

42 - Remplir

```
N  B  T  D  M  L  L  V  C  V  C  K  R  T
R  B  Ì  Q  U  T  V  A  M  U  G  H  M  H
H  Ộ  P  N  D  Q  Ú  L  I  G  A  B  A  Ư
K  L  P  V  H  C  Á  I  R  Ổ  G  Ó  I  M
H  T  H  Ù  N  G  Ố  N  G  Q  R  P  D  Ụ
A  A  Q  G  K  Y  O  P  B  N  T  H  D  C
Y  I  B  C  R  M  N  B  B  B  P  O  R  A
R  N  M  T  A  Q  K  G  Q  I  P  N  I  R
H  Q  T  V  M  A  L  T  Ă  N  N  G  L  T
V  P  L  A  O  R  R  À  C  N  T  B  Y  O
G  U  M  I  D  Y  R  U  T  T  K  Ì  M  N
C  H  A  I  X  Ô  B  B  G  M  R  É  D  T
A  Q  P  H  U  L  D  A  C  L  C  B  O  U
T  L  C  Y  N  I  V  B  A  I  I  U  H  P
```

THÙNG	GÓI
HỘP	KHAY
CHAI	TÚI
CARTON	XÔ
THƯ MỤC	NGĂN KÉO
PHONG BÌ	ỐNG
TÀU	VA LI
CÁI RỔ	BÌNH

43 - Ballet

```
T  Â  C  H  O  R  E  O  G  R  A  P  H  Y
Q  B  M  C  P  U  P  P  N  R  K  Y  R  P
G  I  A  N  P  K  H  Á  N  G  I  Ả  U  V
O  D  N  L  H  K  Ỹ  N  Ă  N  G  G  G  Ũ
N  V  T  T  L  Ạ  O  D  À  N  N  H  Ạ  C
K  G  P  Ậ  H  E  C  Ử  C  H  Ỉ  P  C  Ô
Ỹ  N  H  P  K  D  R  L  B  Ị  K  V  Ơ  N
T  D  O  Ễ  C  G  N  I  Q  P  Q  C  B  G
H  N  N  Y  T  C  Ư  Ờ  N  G  Đ  Ộ  Ắ  P
U  C  G  D  V  H  H  I  D  A  A  L  P  A
Ậ  N  C  U  P  M  U  T  D  K  H  B  L  V
T  P  Á  N  Y  C  K  Ậ  N  V  M  O  A  Y
H  M  C  B  P  C  I  A  T  D  D  Q  Q  Y
M  H  H  N  H  À  S  O  Ạ  N  N  H  Ạ  C
```

NGHỆ THUẬT	CƠ BẮP
BALLERINA	ÂM NHẠC
CHOREOGRAPHY	DÀN NHẠC
KỸ NĂNG	TẬP
NHÀ SOẠN NHẠC	KHÁN GIẢ
VŨ CÔNG	NHỊP
CỬ CHỈ	PHONG CÁCH
CƯỜNG ĐỘ	KỸ THUẬT

44 - Fruit

```
Q  U  Ả  K  I  W  I  C  Y  A  L  D  I  T
U  N  D  H  L  R  G  G  V  O  G  Ê  T  R
Ả  C  T  Ư  K  P  T  Á  O  A  L  M  R  Á
M  Q  U  Ả  A  N  H  Đ  À  O  I  I  Á  I
Ơ  U  C  H  A  N  H  G  N  V  V  Ổ  I  X
M  P  Â  I  D  P  D  I  K  A  T  Y  B  O
R  I  Y  D  Ứ  A  G  R  N  M  H  G  Ơ  À
N  D  X  Q  P  C  U  Q  V  V  A  K  C  I
H  Đ  U  Đ  Ủ  C  U  G  U  I  M  M  K  A
O  Ì  Â  À  K  A  D  M  A  D  Â  C  R  Y
R  N  N  O  T  M  O  G  N  N  M  Y  P  L
I  U  Đ  H  Y  D  C  T  L  H  X  U  U  B
A  H  À  Q  U  Ả  M  Ọ  N  G  Ô  Y  P  R
P  C  O  C  H  U  Ố  I  P  Q  I  N  U  Y
```

QUẢ MƠ	QUẢ KIWI
DỨA	TRÁI XOÀI
TRÁI BƠ	DƯA
QUẢ MỌNG	CÂY XUÂN ĐÀO
CHUỐI	CAM
QUẢ ANH ĐÀO	ĐU ĐỦ
CHANH	ĐÀO
HÌNH	LÊ
MÂM XÔI	TÁO
ỔI	NHO

45 - Surf

```
Y  Y  P  T  T  Q  Đ  Á  M  Đ  Ô  N  G  V
O  C  I  L  G  U  M  I  P  T  C  P  K  U
Q  N  T  Ự  T  Á  T  Q  B  C  Ố  U  O  Y
G  B  R  C  V  N  Y  N  D  B  B  C  M  H
P  Y  Ả  S  S  Q  P  R  T  Q  P  I  Đ  D
H  Y  L  Ĩ  Ó  U  P  H  Ổ  B  I  Ế  N  Ộ
O  C  Ạ  T  N  Â  T  H  Ờ  I  T  I  Ế  T
N  S  I  V  G  N  Đ  Ạ  I  D  Ư  Ơ  N  G
G  Ứ  P  V  C  H  È  O  Q  Y  I  D  Q  G
C  C  V  Ự  B  Ã  I  B  I  Ể  N  H  B
Á  M  P  V  C  A  Ụ  M  N  L  T  U  U  K
C  Ạ  V  U  I  V  Ẻ  N  V  T  D  Q  T  B
H  N  T  C  K  V  D  A  G  V  P  Q  Y  Ọ
C  H  N  G  Ư  Ờ  I  B  Ắ  T  Đ  Ầ  U  T
```

VUI VẺ	BỌT
LỰC SĨ	ĐẠI DƯƠNG
QUÁN QUÂN	CHÈO
NGƯỜI BẮT ĐẦU	BÃI BIỂN
BỤNG	PHỔ BIẾN
CỰC	TRẢ LẠI
SỨC MẠNH	PHONG CÁCH
ĐÁM ĐÔNG	SÓNG
THỜI TIẾT	TỐC ĐỘ

46 - Technologie

```
C O N T R Ỏ G D R H C C Ả D
T R Ư N G B À Y H G C H R O
P Q I B U A K K Q A P Ữ N R
K M Q T B L Q Q C K T A P P
Ỹ Y B A R L D D Ữ L I Ệ U T
T H Ô N G Đ I Ễ P A N Ộ I Ậ
H N G H I Ê N C Ứ U T G A P
U P H Ầ N M Ề M Q M E M N T
Ậ P P Y Q A Á Q H H R À N I
T H Ố N G K Ê Y N O N N I N
S M Á Y T Í N H Ả M E O N O
Ố T O R C C T R P N T V H P
T R Ì N H D U Y Ễ T H B Y D
V I R Ú T L U N O B L O G R
```

TRƯNG BÀY	TRÌNH DUYỆT
BLOG	KỸ THUẬT SỐ
MÁY ẢNH	NỘI
CON TRỎ	MÁY TÍNH
DỮ LIỆU	CHỮ
MÀN	NGHIÊN CỨU
TẬP TIN	AN NINH
INTERNET	THỐNG KÊ
PHẦN MỀM	ẢO
THÔNG ĐIỆP	VI RÚT

47 - Météo

```
S  N  H  I  Ệ  T  Đ  Ộ  Đ  C  Y  C  V  L
Q  Ư  H  L  Ố  C  X  O  Á  Y  K  Ơ  L  B
M  M  Ơ  I  C  R  M  O  M  H  M  N  D  C
V  L  Q  N  Ễ  I  B  V  M  Ạ  V  B  N  Ầ
K  L  N  C  G  T  B  A  Â  N  I  Ã  Ư  U
K  H  Ô  T  I  M  Đ  P  Y  H  B  O  Ớ  V
O  G  L  V  Ó  Q  Ù  Ớ  D  Á  Ầ  I  C  Ồ
O  I  Q  O  M  B  O  L  I  N  U  Ẩ  Đ  N
L  Ó  U  T  Ù  S  Ấ  M  S  É  T  M  Á  G
B  Ũ  Q  N  A  D  K  D  O  Q  R  Ư  I  L
M  O  L  H  D  C  Ự  C  G  Q  Ờ  Ớ  P  Y
G  R  C  Ụ  K  H  Í  H  Ậ  U  I  T  B  I
M  B  Ã  O  T  Á  P  H  N  U  H  M  Q  U
K  H  Ô  N  G  K  H  Í  Y  Y  K  I  M  K
```

CẦU VỒNG	CƠN BÃO
KHÔNG KHÍ	CỰC
SƯƠNG MÙ	KHÔ
BẦU TRỜI	HẠN HÁN
KHÍ HẬU	NHIỆT ĐỘ
NƯỚC ĐÁ	BÃO TÁP
ẨM ƯỚT	SẤM SÉT
LŨ LỤT	LỐC XOÁY
GIÓ MÙA	NHIỆT ĐỚI
ĐÁM MÂY	GIÓ

48 - Châteaux

```
C A T A P U L T H C U T R C
Ô Y K O G V O V U G Q H H K
N H D Q V Ư H U O H L A O R
G T L C G Ơ A M A V C N À V
C V R Á R N A R H B U H N Ư
H M P I M G K Ỳ L Â N K G Ơ
Ú M A K Ề Q V R Ồ N G I T N
A Q H H N U O I Q G Đ Ế Ử G
T K K I O Ố Đ G R Ự I M H M
U Ư O Ê B C Ế Ạ Y A Ẽ C P I
Q L Ờ N L L C L I D N R I Ễ
H T R N E P H O N G K I Ế N
T H Á P G V Ế Á O G I Á P K
P H Á O Đ À I H I Ệ P S Ĩ M
```

ÁO GIÁP	PHONG KIẾN
CÁI KHIÊN	PHÁO ĐÀI
CATAPULT	KỲ LÂN
NGỰA	TƯỜNG
HIỆP SĨ	NOBLE
VƯƠNG MIỆN	CUNG ĐIỆN
RỒNG	HOÀNG TỬ
TRIỀU ĐẠI	CÔNG CHÚA
ĐẾ CHẾ	VƯƠNG QUỐC
THANH KIẾM	THÁP

49 - Randonnée

```
G  C  Ắ  M  T  R  Ạ  I  V  U  D  T  L  B
I  V  Á  C  H  Đ  Á  B  V  R  A  H  M  G
À  M  M  H  I  G  M  V  L  R  C  Ờ  P  G
Y  Ặ  M  U  Ê  G  C  Ô  N  G  V  I  Ê  N
Ố  T  Y  Ẩ  N  D  O  N  Ặ  N  G  T  Đ  B
N  T  D  N  N  Ú  D  M  H  I  L  I  Á  A
G  R  G  B  H  O  I  A  C  V  C  Ế  K  V
Y  Ờ  N  Ị  I  D  R  C  M  Ệ  T  T  R  A
T  I  Q  V  Ê  H  O  A  N  G  D  Ã  B  G
Q  I  V  M  N  Đ  Ộ  N  G  V  Ậ  T  Ả  L
M  Ố  I  N  G  U  Y  H  I  Ể  M  Q  N  U
K  H  Í  H  Ậ  U  H  Q  N  Ư  Ớ  C  Đ  A
H  Ư  Ớ  N  G  D  Ẫ  N  H  A  Y  U  Ồ  K
H  S  Ự  Đ  Ị  N  H  H  Ư  Ớ  N  G  G  D
```

ĐỘNG VẬT	NẶNG
GIÀY ỐNG	THỜI TIẾT
CẮM TRẠI	NÚI
BẢN ĐỒ	THIÊN NHIÊN
KHÍ HẬU	SỰ ĐỊNH HƯỚNG
MỐI NGUY HIỂM	CÔNG VIÊN
NƯỚC	ĐÁ
VÁCH ĐÁ	CHUẨN BỊ
MỆT	HOANG DÃ
HƯỚNG DẪN	MẶT TRỜI

50 - Meubles

```
L  Q  Đ  K  O  K  L  G  Ư  Ơ  N  G  A  I
O  O  È  H  I  I  G  H  H  G  N  P  Y  D
L  A  N  H  Y  U  V  T  K  Ế  T  N  T  I
M  L  L  N  G  I  H  I  M  V  N  M  C  R
N  P  O  L  I  H  O  Y  K  O  P  P  Y  U
K  P  K  M  C  G  Ế  P  Q  Đ  V  Õ  N  G
C  Á  I  G  Ố  I  U  B  K  Ệ  O  D  U  A
A  A  T  I  V  Ư  T  Ă  À  M  I  I  B  U
R  R  B  O  P  Ờ  L  N  T  N  T  N  Y  C
A  A  M  C  P  N  U  G  Ệ  H  A  G  P
K  M  A  O  O  G  T  G  K  M  Ả  A  L  Y
I  P  Y  R  I  I  N  H  R  È  M  C  Ử  A
H  T  B  À  N  R  T  Ế  Đ  I  V  Ă  N  G
I  K  L  B  D  L  E  A  Y  D  U  Y  U  Y
```

ARMOIRE	VÕNG
BĂNG GHẾ	ĐÈN
BÀN	GIƯỜNG
ĐI VĂNG	NỆM
GHẾ	GƯƠNG
ĐỆM	CÁI GỐI
KỆ	RÈM CỬA
GHẾ BÀNH	THẢM

51 - Art

```
G  L  P  Đ  A  R  C  T  H  Ơ  T  M  P  T
G  H  C  I  Ơ  Q  O  R  Y  M  R  K  H  R
H  U  R  Ê  O  N  Q  I  T  H  U  R  Ứ  Ự
R  T  V  U  T  M  G  B  R  T  N  T  C  C
M  I  G  K  L  V  Ố  I  C  H  G  Â  T  Q
B  H  Q  H  Q  H  M  Ể  Ả  À  T  M  Ạ  U
K  I  U  Ắ  G  L  V  U  M  N  H  T  P  A
K  G  Ể  C  M  O  I  H  H  Hự R  G  N
M  I  A  U  H  C  A  I  Ứ  P  C  Ạ  U  A
I  Q  N  B  T  Ủ  T  Ễ  N  H  B  N  P  L
V  N  C  B  I  Ư  Đ  N  G  Ầ  H  G  Ố  C
V  M  V  R  N  I  Ợ  Ề  I  N  P  T  D  U
C  Á  N  H  Â  N  B  N  O  O  Y  L  Y  A
O  N  U  Q  P  D  I  U  G  A  Q  P  O  O
```

GỐM	CÁ NHÂN
PHỨC TẠP	THƠ
THÀNH PHẦN	ĐIÊU KHẮC
BIỂU HIỆN	ĐƠN GIẢN
TRUNG THỰC	CHỦ ĐỀ
TÂM TRẠNG	BIỂU TƯỢNG
CẢM HỨNG	TRỰC QUAN
GỐC	

52 - Nutrition

```
L Ê N M E N P N H C C T U V
C S U Q R P M Y Ư A H A L I
P N Ứ D H P V M Ơ R Ấ O T T
C Đ Ộ C T Ố D P N B T C I A
P A Ă N K I Ê N G O L H Ê M
V K L K H H T G V H Ư Ấ U I
Q A R O Ỏ I Ỏ A Ị Y Ợ T H N
P R O T E I N E O D N L Ó U
Đ B K H M N G O N R G Ỏ A R
T Ắ Y I Ạ Y K M Q A L N Y M
A I N Ă N Đ Ư Ợ C T Y G I P
T M C G H Q D O A E T P U K
G I A V Ị M P N Ư Ớ C X Ố T
C Â N N Ặ N G C Â N B Ằ N G
```

ĐẮNG
NGON
CALO
ĂN ĐƯỢC
ĂN KIÊNG
TIÊU HÓA
GIA VỊ
CÂN BẰNG
LÊN MEN
CARBOHYDRATE

CHẤT LỎNG
CÂN NẶNG
PROTEIN
CHẤT LƯỢNG
KHỎE MẠNH
SỨC KHỎE
NƯỚC XỐT
HƯƠNG VỊ
ĐỘC TỐ
VITAMIN

53 - Science Fiction

```
T  B  V  O  T  H  Ế  G  I  Ớ  I  T  Ả  D
C  H  G  R  Y  H  L  P  T  H  G  O  O  Y
A  M  Ự  A  B  A  I  G  Ư  S  V  T  G  S
D  D  Y  C  Ự  C  X  Ê  Ở  Á  H  U  I  T
L  Ử  A  L  T  T  A  B  N  C  G  Y  Á  O
B  D  N  E  O  Ế  X  I  G  H  I  Ệ  C  P
I  Í  L  A  V  G  Ô  D  T  K  À  T  C  I
U  M  Ẩ  V  I  N  I  L  Ư  N  A  V  L  A
T  Ư  Ơ  N  G  L  A  I  Ợ  I  U  Ờ  C  D
P  O  K  Ổ  Y  R  U  P  N  P  K  I  H  P
C  Ô  N  G  N  G  H  Ệ  G  G  R  U  U  C
N  G  U  Y  Ê  N  T  Ử  U  T  O  P  I  A
K  Ị  C  H  B  Ả  N  G  O  Y  C  Q  H  I
N  H  À  N  H  T  I  N  H  I  P  K  K  I
```

NGUYÊN TỬ	SÁCH
DYSTOPIA	XA XÔI
NỔ	THẾ GIỚI
CỰC	BÍ ẨN
TUYỆT VỜI	ORACLE
LỬA	HÀNH TINH
TƯƠNG LAI	THỰC TẾ
THIÊN HÀ	KỊCH BẢN
ẢO GIÁC	CÔNG NGHỆ
TƯỞNG TƯỢNG	UTOPIA

54 - Vertus #1

```
C  H  Đ  Ộ  C  L  Ậ  P  H  U  U  M  Q  T
B  I  Á  P  P  K  B  A  H  G  C  K  U  P
M  Ẹ̃  N  R  T  H  Ự  C  T  Ế  L  I  Y  Đ
K  U  G  D  Ộ  Ô  H  T  A  H  G  Ê  Ế  A
H  Q  T  D  Ọ  N  D  Ẹ  P  N  P  N  T  M
I  U  I  K  B  N  G  V  Q  K  T  N  Đ  M
Ê  Ả  N  U  A  G  P  L  U  G  Ò  H  Ị  Ê
M  K  C  P  L  O  A  I  Ư  V  M  Ẫ  N  Q
T  H  Ậ  M  R  A  P  C  M  Ợ  Ò  N  H  U
Ố  Ố  Y  C  A  N  P  G  Y  P  N  M  Ữ  Y
N  C  T  H  Ô  N  G  M  I  N  H  G  U  Ế
N  G  H  Ệ  T  H  U  Ậ  T  G  D  M  Í  N
B  U  Ồ  N  C  Ư  Ờ  I  L  A  I  O  C  R
T  Ư  Ở  N  G  T  Ư  Ợ  N  G  P  M  H  Ũ
```

NGHỆ THUẬT
TỐT
QUYẾN RŨ
TÒ MÒ
QUYẾT ĐỊNH
BUỒN CƯỜI
HIỆU QUẢ
ĐÁNG TIN CẬY
RỘNG LƯỢNG
TƯỞNG TƯỢNG

ĐỘC LẬP
THÔNG MINH
KHIÊM TỐN
ĐAM MÊ
KIÊN NHẪN
THỰC TẾ
DỌN DẸP
KHÔN NGOAN
HỮU ÍCH

55 - Professions #1

```
K  N  B  O  O  B  T  H  Ợ  S  Ă  N  Đ  A
L  H  Á  Y  O  I  N  V  P  M  G  G  Ạ  N
N  À  C  P  I  Ê  V  I  H  G  T  Â  I  V
G  K  S  L  A  N  L  U  U  C  D  N  S  J
H  H  Ĩ  U  U  T  H  Ợ  M  A  Y  H  Ứ  E
Ẽ  O  T  M  Y  Ậ  Y  G  G  G  À  L  W
S  A  D  B  C  P  T  V  Ũ  C  Ô  N  G  E
Ĩ  H  U  E  O  V  Á  S  R  A  L  G  I  L
P  Ọ  V  R  G  I  G  T  Ư  G  C  C  G  E
I  C  K  R  Y  Ê  K  Ế  T  O  Á  N  C  R
A  D  V  L  Í  N  H  C  Ứ  U  H  Ỏ  A  A
N  H  À  Đ  Ị  A  C  H  Ấ  T  K  U  K  Y
O  N  H  Ạ  C  S  Ĩ  T  H  Ủ  Y  T  H  Ủ
D  N  Q  M  N  G  H  Ệ  S  Ĩ  L  T  V  R
```

ĐẠI SỨ	Y TÁ
NGHỆ SĨ	THỦY THỦ
LUẬT SƯ	BÁC SĨ
NGÂN HÀNG	NHẠC SĨ
JEWELER	NGHỆ SĨ PIANO
THỢ SĂN	PLUMBER
KẾ TOÁN	LÍNH CỨU HỎA
VŨ CÔNG	NHÀ KHOA HỌC
BIÊN TẬP VIÊN	THỢ MAY
NHÀ ĐỊA CHẤT	

56 - Géologie

```
M Y C L Q H N H Ũ Đ Á L L M
K U G P D Ó V Ó L T B N Ụ Ă
H C Ố A H A M K N Ớ K P C N
O A G I N T R N U G P Q Đ G
Á O Y Q T H O Y D K C Q Ị Đ
N N O G O Ạ H B P M A H A Á
G G T H Ạ C H A N H L V Ả N
S U A Đ Á H A A Ú G C Ù V Y
Ả Y X I P I N L I I I N O U
N Ê I I R G G N L P U G B B
B N T O B T Đ A Ử P M A V D
X Ó I M Ò N Ộ S A N H Ô T V
Q C A V K H N T I N H T H Ể
R T V D U N G N H A M T O K
```

AXIT
CALCIUM
HANG ĐỘNG
LỤC ĐỊA
SAN HÔ
LỚP
TINH THỂ
XÓI MÒN
NÓNG CHẢY
HÓA THẠCH

DUNG NHAM
KHOÁNG SẢN
ĐÁ
CAO NGUYÊN
THẠCH ANH
MUỐI
NHŨ ĐÁ
MĂNG ĐÁ
NÚI LỬA
VÙNG

57 - Cirque

```
K  Ẹ  O  G  N  Q  A  L  S  D  N  P  P  R
L  Ề  U  V  A  Y  T  G  O  Ư  B  Y  T  A
Ừ  R  M  M  A  O  Q  D  G  D  T  U  D  M
A  R  P  Q  O  M  H  N  Y  N  I  Ử  M  V
C  I  Â  K  D  N  K  Y  C  Q  P  M  Q  É
R  I  M  Đ  Ẹ  P  M  Ắ  T  P  P  N  Đ  C
O  C  N  B  B  Q  Q  A  O  M  V  C  Ộ  O
B  K  H  Ỉ  I  H  N  T  T  D  B  D  N  N
A  Ạ  Ỉ  L  T  U  N  G  H  Ứ  N  G  V
T  Y  C  O  N  H  Ổ  H  P  C  U  C  V  O
A  C  C  B  Ó  N  G  B  A  Y  I  Ậ  Ậ  I
U  T  R  A  N  G  P  H  Ụ  C  Y  Q  T  R
I  O  N  N  C  K  Y  K  H  Á  N  G  I  Ả
G  R  Q  P  N  M  T  M  D  U  C  T  T  M
```

ACROBAT	SƯ TỬ
ĐỘNG VẬT	MA THUẬT
LỪA	CHỈ
BÓNG BAY	ÂM NHẠC
VÉ	KHỈ
KẸO	ĐẸP MẮT
TRANG PHỤC	KHÁN GIẢ
CON VOI	LỀU
TUNG HỨNG	CON HỔ

58 - Jardin

```
O  Y  D  Đ  Á  B  N  G  G  R  I  B  G  T
H  À  N  G  R  À  O  S  V  Ư  Ờ  N  A  Ấ
Y  V  Ò  I  K  C  M  Â  T  Õ  V  N  R  M
N  B  O  B  L  G  H  N  H  P  N  O  A  B
A  G  V  K  O  R  O  T  Ẻ  Q  R  G  O  Ạ
Đ  Ấ  T  T  B  O  A  H  I  Ê  N  H  H  T
A  A  Y  D  Ụ  I  R  Ư  W  E  E  D  S  D
X  A  K  B  I  R  V  Ợ  N  G  U  K  M  M
A  Ẻ  O  L  C  B  Ă  N  G  G  H  Ế  Y  Q
V  B  N  C  Â  Y  M  G  O  D  U  I  N  C
V  N  R  G  Y  P  T  Y  N  P  O  C  M  K
N  C  A  O  Y  P  N  I  Y  D  D  G  Y  R
Y  À  Ỏ  P  C  O  T  M  H  G  O  U  T  Q
H  O  P  L  M  R  N  Q  Q  R  V  I  R  D
```

CÂY	WEEDS
BĂNG GHẾ	XẺNG
BỤI CÂY	HIÊN
HÀNG RÀO	CÀO
AO	ĐÁ
HOA	ĐẤT
GA-RA	SÂN THƯỢNG
VÕNG	TẤM BẠT
CỎ	VÒI
VƯỜN	THẺ

59 - Barbecues

```
T  H  O  H  H  H  T  I  V  N  Â  N  V  G
R  O  K  O  C  H  À  M  C  B  M  U  Ố  I
Á  V  D  D  D  G  G  N  Ư  Ớ  N  G  N  A
I  V  Q  B  V  C  C  M  H  R  H  P  T  Đ
C  C  À  C  H  U  A  Ù  Q  G  Ạ  Q  D  Ì
Â  I  G  B  S  A  L  A  D  S  C  I  U  N
Y  K  V  T  Ử  D  G  H  Đ  I  D  B  N  H
M  M  I  R  O  A  À  È  Ó  V  D  Ữ  U  V
C  P  A  Ò  A  O  T  T  I  Ê  U  A  U  K
N  Ư  Ớ  C  X  Ố  T  Ố  Y  V  Y  T  C  B
V  Q  M  H  A  R  R  U  I  G  R  R  M  N
C  V  D  Ơ  R  R  Ẻ  N  Ó  N  G  Ư  A  V
M  T  N  I  B  L  E  M  U  B  M  A  T  U
Y  Y  B  U  Q  U  M  M  D  N  G  H  K  O
```

NÓNG	TRÒ CHƠI
DAO	RAU
BỮA TRƯA	ÂM NHẠC
BỮA TỐI	HÀNH
TRẺ EM	TIÊU
MÙA HÈ	GÀ
ĐÓI	SALADS
GIA ĐÌNH	NƯỚC XỐT
TRÁI CÂY	MUỐI
NƯỚNG	CÀ CHUA

60 - Anniversaire

```
N Ă M B U T T R Ẻ N P Y U U
Ế A Đ I Ạ G O B D U D I T B
N P Ặ T B N K B À I H Á T I
L Ị C H K O B A O I G Á V V
Ễ Ờ B Ẻ C M C È R D T L T R
Ă Q I C B C N Q L L T H U H
N N Ệ M I N B U U P H O Y T
M V T T Ờ H Á À A T M G Ẹ P
Ừ Y D I M I N T D L D D T D
N U Q G G A H Ặ R B O I H N
G S Ự K H Ô N N G O A N N R
B I G M L U U G M N N R G H
V U I V Ẻ M B Y B B C U À L
T H Ờ I G I A N I A M O Y A
```

BẠN BÈ   BÁNH
NĂM   VUI VẺ
NẾN   LỜI MỜI
QUÀ TẶNG   TRẺ
LỊCH   NGÀY
THẺ   SỰ KHÔN NGOAN
BÀI HÁT   ĐẶC BIỆT
HÁT   TUYỆT
LỄ ĂN MỪNG   THỜI GIAN

61 - Animaux de Compagnie

```
K  H  V  D  C  H  Ó  C  O  N  B  P  V  H
P  D  M  P  H  I  C  B  O  R  O  Ò  H  P
H  B  Y  Đ  U  Ô  I  P  R  N  Ư  Ớ  C  K
P  Á  U  M  Ộ  I  A  H  A  U  V  T  I  U
Q  C  O  N  T  H  Ằ  N  L  Ằ  N  Ẹ  P  L
G  S  N  C  G  D  I  V  C  Á  R  T  T  I
C  Ĩ  N  Ổ  O  Ê  V  D  L  M  H  T  H  Ỏ
K  T  G  Á  A  N  M  È  O  C  O  N  Ứ  T
K  H  D  O  H  A  M  S  T  E  R  N  C  U
T  Ú  N  A  C  H  Ó  È  Q  A  B  Q  Ă  B
B  Y  K  R  A  L  D  K  O  C  Q  R  N  R
C  T  A  H  R  R  Ù  A  K  U  V  G  B  P
M  Y  H  L  T  G  D  I  C  D  C  I  Y  G
G  K  M  B  D  U  T  T  M  P  R  C  T  I
```

CON MÈO	CON THẰN LẰN
MÈO CON	THỨC ĂN
DÊ	CON VẸT
CHÓ	CÁ
CHÓ CON	ĐUÔI
CỔ ÁO	CHUỘT
NƯỚC	RÙA
HAMSTER	BÒ
THỎ	BÁC SĨ THÚ Y

62 - Forêt Tropicale

```
C R G B M P D L S B B V T S
H Ộ E P D K H Đ Ự Q R L H Ự
I Q N F K A O A B H L C I S
M A U G U R H D Ả G B A Ê Ố
V C T O Đ G V Ạ O Y Y U N N
A L L C M Ồ E N T A U K N G
Đ Á M M Â Y N G Ồ K T P H C
L L P I T B R G N U H H I Ò
O A C Ô N T R Ù N G Ự Ụ Ê N
À U I K C R Ừ N G R C C N L
I I H A Q Ê C I R Q V H M I
K H Í H Ậ U D I L N Ậ Ồ R B
B Ả N Đ Ị A Ý M I C T I O Y
S Ự T Ô N T R Ọ N G M M C L
```

THỰC VẬT   THIÊN NHIÊN
KHÍ HẬU   ĐÁM MÂY
CỘNG ĐỒNG   CHIM
ĐA DẠNG   QUÝ
LOÀI   SỰ BẢO TỒN
BẢN ĐỊA   REFUGE
CÔN TRÙNG   SỰ TÔN TRỌNG
RỪNG   PHỤC HỒI
RÊU   SỰ SỐNG CÒN

63 - Insectes

```
S  C  V  B  Ư  Ớ  M  M  U  Ỗ  I  A  D  L
Â  M  C  O  Ọ  V  C  H  Â  U  C  H  Ấ  U
U  T  R  A  B  C  O  N  V  E  S  Ầ  U  A
T  O  Q  U  R  O  H  M  I  N  U  Q  T  I
U  Q  P  H  I  N  O  É  N  C  I  C  R  U
M  L  C  T  H  O  R  H  T  Q  Q  R  Ù  C
L  Q  À  V  B  N  N  N  D  C  A  O  N  G
Q  N  O  B  Ọ  G  E  L  A  O  O  P  G  C
T  M  C  I  N  O  T  T  A  Y  M  Ố  I  O
M  R  À  C  G  D  R  A  U  D  R  R  Á  R
I  A  O  G  Ự  K  I  Ế  N  M  Y  Ẽ  N  I
Q  A  O  D  A  L  N  T  D  K  I  B  P  C
B  Ọ  C  Á  N  H  C  Ứ  N  G  A  P  U  Y
L  U  Y  G  R  U  L  N  P  H  P  Q  I  G
```

CON ONG	BỌ NGỰA
GIÁN	MUỖI
CON VE SẦU	BƯỚM
LADYBUG	BỌ CHÉT
CÀO CÀO	RỆP
KIẾN	CHÂU CHẤU
HORNET	BỌ CÁNH CỨNG
ONG	MỐI
ẤU TRÙNG	SÂU

64 - Ferme #1

```
Q  L  N  Ô  N  G  N  G  H  I  Ễ  P  K  T
C  Q  B  T  C  Ạ  B  À  D  O  N  K  E  Y
U  M  U  M  C  O  N  Q  U  Ạ  N  T  B  V
P  H  Â  N  B  Ó  N  Y  T  R  Ư  Ờ  N  G
L  B  Đ  À  N  B  V  O  M  V  Ớ  L  Q  R
H  À  N  G  R  À  O  L  T  V  C  G  G  I
I  G  Q  K  B  B  Ắ  P  C  H  Â  N  Q  G
M  L  R  K  Ò  Ò  I  B  N  N  T  K  T  V
Q  Ậ  M  N  Y  C  R  M  V  T  K  V  Q  M
K  N  T  O  M  O  O  Ừ  O  Y  P  C  D  O
Y  R  H  O  M  T  V  N  N  L  I  H  K  P
Y  U  K  V  N  P  O  G  M  G  D  Ó  U  O
C  Ỏ  K  H  Ô  G  L  Ự  A  È  Ê  Q  M  C
C  O  N  O  N  G  M  A  P  M  O  R  R  O
```

CON ONG	CON QUẠ
NÔNG NGHIỆP	NƯỚC
DONKEY	PHÂN BÓN
BÒ RỪNG	CỎ KHÔ
TRƯỜNG	MẬT ONG
CON MÈO	GÀ
NGỰA	GẠO
DÊ	ĐÀN
CHÓ	BÒ
HÀNG RÀO	BẮP CHÂN

65 - Escalade

```
S R L B K H Ô N G K H Í H G
Ứ D U V Ả N U Q L B N M Ư I
C K C H Ấ N T H Ư Ơ N G Ớ K
M T H K Y P Đ H Ẹ P G M N N
Ạ U U G B N Ộ Ồ C H B Ũ G G
N T Y K C G C N U Y Q B D U
H N Ê N Q T A O A Đ A Ả Ã V
H H N O K M O S N À B O N Ậ
Q C G G T H H H Ự O R H C T
T P I B U A N P O T C I Q L
U T A Y B N L C H Ạ Ò Ể I Ý
R Y T C Q G G Y Y O D M C Q
G Ă N G T A Y Q R Y Q N Ò P
Ổ N Đ Ị N H G I À Y Ố N G O
```

ĐỘ CAO	HẸP
KHÔNG KHÍ	SỨC MẠNH
CHẤN THƯƠNG	ĐÀO TẠO
GIÀY ỐNG	GĂNG TAY
BẢN ĐỒ	HANG
MŨ BẢO HIỂM	HƯỚNG DẪN
SỰ TÒ MÒ	VẬT LÝ
CHUYÊN GIA	ỔN ĐỊNH

66 - École #2

```
L  T  H  Ư  V  I  Ễ  N  Đ  L  L  O  G  K
K  R  Ừ  U  O  G  Y  L  R  Ọ  Ị  V  C  P
É  Ò  Y  Đ  G  M  I  I  S  Á  C  H  M  Q
O  C  P  U  I  P  H  V  Ă  N  H  Ọ  C  B
A  H  Ọ  C  Á  Ể  X  E  B  U  Ý  T  M  R
B  Ơ  C  D  O  Y  N  G  Ữ  P  H  Á  P  H
M  I  P  R  V  G  K  H  O  A  H  Ọ  C  D
Ô  Á  B  T  I  I  M  O  B  U  P  O  L  P
N  H  Y  G  Ê  B  T  Ạ  Ú  V  V  A  T  H
T  O  A  T  N  H  K  T  T  L  N  L  U  V
O  P  K  U  Í  R  K  Đ  C  B  U  D  C  P
Á  V  I  Ế  T  N  V  Ộ  H  C  B  D  M  P
N  D  T  B  V  B  H  N  Ì  N  O  Y  A  C
G  I  Á  O  D  Ụ  C  G  I  Ấ  Y  I  B  N
```

HOẠT ĐỘNG	GIÁO DỤC
HỌC	NGỮ PHÁP
THƯ VIỆN	TRÒ CHƠI
XE BUÝT	ĐỌC
LỊCH	VĂN HỌC
KÉO	SÁCH
BÚT CHÌ	MÔN TOÁN
TỪ ĐIỂN	MÁY TÍNH
GIÁO VIÊN	GIẤY
VIẾT	KHOA HỌC

67 - Antarctique

```
S Ô N G B Ă N G A A Đ K L I
M P Ư I R B I Y U R Ả K O M
C M Ớ N H I Ễ T Đ Ộ O U À C
H Ô C Á V O I O Y Q P C I G
I I C V N K C U L D Y A K R
M T O Ị L B T Y N D I T V Y
B R H N P B Ả O T Ồ N C U C
Á Ư K H T Ă Q P D A H V Ư B
N Ờ H Đ Q N M Ô N Đ Ị A L Ý
Đ N O Q Á G O T K L H T Ụ D
Ả G A N U M V M M G A R C R
O M H U Y M M Q Q L Q O Đ U
R Ạ Ọ P P N L Â T B L H Ị R
K B C Q A A M Q Y Q D B A H
```

VỊNH	SÔNG BĂNG
CÁ VOI	ĐẢO
BẢO TỒN	DI CƯ
LỤC ĐỊA	ĐÁM MÂY
NƯỚC	CHIM
MÔI TRƯỜNG	BÁN ĐẢO
LOÀI	ROCKY
MÔN ĐỊA LÝ	KHOA HỌC
BĂNG	NHIỆT ĐỘ

68 - Professions #2

```
N H I Ế P Ả N H G I A G T N
C M G A A N H Ọ A S Ĩ I R H
T H Ử T H Ư Ô U B A A Á I À
G I Á O V I Ê N R R L O Ế X
K I P N T Q K N G Q T S T U
G N D V G U P H B D N Ư G Ấ
N H A S Ĩ N M À C K Â R I T
D À P H I C Ô N G V U N A B
N H À B Á O T G P C B P I Ả
R Ó D Á A D H Ô V C I N U N
R A Q C D M Á N H U K V U C
L H H S V L M N O H T Ỹ T T
B Ọ C Ĩ L C T G B O A T S L
A C H A K Y Ử Ữ V Ạ G Q V Ư
```

NÔNG DÂN	NHÀ BÁO
THỦ THƯ	NHÀ NGÔN NGỮ
NHÀ HÓA HỌC	BÁC SĨ
NHA SĨ	HỌA SĨ
THÁM TỬ	TRIẾT GIA
GIÁO VIÊN	NHIẾP ẢNH GIA
NHÀ XUẤT BẢN	PHI CÔNG
HOẠ	GIÁO SƯ
KỸ SƯ	

69 - Les Abeilles

```
Đ  D  K  D  K  P  T  Q  A  P  N  H  R  H
H  A  I  B  P  T  H  L  Q  H  R  O  L  Ễ
Ọ  H  D  B  C  B  Ứ  G  Y  Ấ  Q  M  L  S
P  V  C  Ạ  L  K  C  U  Q  N  M  Q  N  I
L  A  Ô  M  N  L  Ă  U  R  H  N  G  C  N
Ạ  K  N  Ặ  Ữ  G  N  R  P  O  S  B  Â  H
I  H  T  T  H  C  Á  N  H  A  B  Á  Y  T
C  Ó  R  T  O  T  R  Á  I  C  Â  Y  P  H
B  I  Ù  R  À  M  N  Y  R  G  H  U  D  Á
G  K  N  Ờ  N  Ậ  D  K  V  P  L  I  N  I
V  M  G  I  G  T  H  Ụ  P  H  Ấ  N  V  Y
Y  B  K  T  H  O  K  N  B  U  G  A  Ư  E
I  P  A  K  O  N  N  C  Ó  L  Ợ  I  Ờ  L
V  K  L  C  A  G  G  H  N  O  K  R  N  C
```

CÁNH	VƯỜN
CÓ LỢI	MẬT ONG
SÁP	THỨC ĂN
ĐA DẠNG	CÂY
HỌP LẠI	PHẤN HOA
HỆ SINH THÁI	THỤ PHẤN
HOA	NỮ HOÀNG
TRÁI CÂY	HIVE
KHÓI	MẶT TRỜI
CÔN TRÙNG	

70 - Dinosaures

```
H  M  T  L  R  A  P  T  O  R  P  U  Y  U
Ó  D  Ạ  Ớ  Y  B  G  B  I  Ế  N  M  Ấ  T
A  O  M  N  I  V  O  R  E  Ế  R  H  N  V
T  K  Í  C  H  T  H  Ư  Ớ  C  N  K  I  O
H  U  D  T  C  M  L  B  L  L  T  H  P  I
Ạ  O  L  D  H  H  Ễ  L  N  T  R  R  Ó  M
C  C  U  Y  Y  Ờ  T  H  V  D  Á  M  H  A
H  M  Ẩ  L  O  À  I  T  O  Q  I  H  B  M
C  Á  N  H  Y  Y  B  T  N  C  Đ  A  G  Ú
K  I  Q  A  P  C  A  D  I  P  Ấ  P  U  T
D  C  U  Q  I  O  O  K  P  Ề  T  D  I  C
C  V  Ẩ  Đ  U  Ô  I  U  B  A  N  M  A  O
Q  H  N  P  U  H  I  K  M  B  Ò  S  Á  T
T  C  Q  U  T  I  U  C  L  O  G  P  Ử  P
```

CÁNH
BIẾN MẤT
LOÀI
TIẾN HÓA
HÓA THẠCH
LỚN
VOI MA MÚT
OMNIVORE

THỜI TIỀN SỬ
MẠNH MẼ
ĐUÔI
RAPTOR
BÒ SÁT
KÍCH THƯỚC
TRÁI ĐẤT
LUẨN QUẨN

71 - Automne

```
G R G T G M H C A D B U V G
T P L H O Y M T H T K P U Y
Á H Ạ T D Ẻ S Ư Ơ N G G I Á
O Â Ờ D B N L C O D O N B N
B N T I Y G D H K B O H O B
T D N C T H I Ê N N H I Ê N
Q L D Ư P I R O Y R U M V A
L Ễ U B K Y Ế C K R K I C Q
T H Á N G H Q T H T M Q V D
D Ộ U A Q O Í P O Á O H N A
V I C M U U V H Q R Y T H Ẻ
Q H T K B G L K Ậ G Q L U R
M Ù A C O R N I Q U Ầ N Á O
T V H K V D D K L Y M V P N
```

HẠT DẺ   DI CƯ
KHÍ HẬU   THÁNG
PHÂN   THIÊN NHIÊN
LỄ HỘI   TÁO
CHÁY   MÙA
SƯƠNG GIÁ   THẺ
ACORN   QUẦN ÁO
THỜI TIẾT

72 - Conduite

```
X O B G Đ I Đ Ộ N G C Ơ T Đ
E U Y I I A Ư C I G U M Ố Ư
H U Q A B T Ờ P D U A O C Ờ
Ơ V N O Ộ A N T O À N M Đ N
I X E T Ả I G A Q D K I Ộ G
C I N H B N H I Ê N L I Ễ U
B K P Ô P Ạ Ầ C Ả N H S Á T
L B T N I N M U C B O I C T
X T N G U Y H I Ể M Ả U K B
Q E P G V H G P C B B N H K
K A M K H Í G K P P L O Đ N
O R R Á V Ậ N C H U Y Ể N Ồ
U C O P Y G I Ấ Y P H É P U
G A R A P H A N H P L Q Y U
```

TAI NẠN	XE MÁY
XE TẢI	ĐI BỘ
NHIÊN LIỆU	CẢNH SÁT
BẢN ĐỒ	ĐƯỜNG
NGUY HIỂM	AN TOÀN
PHANH	GIAO THÔNG
GA-RA	VẬN CHUYỂN
KHÍ	ĐƯỜNG HẦM
GIẤY PHÉP	TỐC ĐỘ
ĐỘNG CƠ	XE HƠI

73 - Plantes

```
X  K  V  A  B  Ụ  I  C  Â  Y  L  Á  U  P
Ư  R  Ê  U  D  P  V  H  N  R  Ớ  C  C  H
Ơ  L  I  T  Q  H  Y  Ư  A  B  N  Á  Â  Â
N  D  A  H  M  Ạ  Q  C  Ờ  R  L  N  Y  N
G  A  R  Ự  L  T  I  Q  M  N  Ê  H  C  B
R  L  U  C  C  Đ  G  C  P  H  N  H  Y  Ó
Ồ  D  A  V  Q  Ậ  K  U  Y  M  C  O  N  N
N  A  R  Ậ  N  U  C  M  A  G  Y  A  G  Q
G  C  Ỏ  T  U  B  Ả  B  H  T  Y  M  U  U
I  V  R  V  O  I  T  M  T  T  A  D  Ồ  Q
T  H  Ự  C  V  Ậ  T  H  Ọ  C  R  H  N  A
F  L  O  R  A  I  R  H  U  N  U  E  G  H
C  C  L  H  I  R  V  R  Ừ  N  G  M  Ố  O
L  V  N  Q  A  P  I  Y  O  C  Q  L  C  A
```

CÂY   RỪNG
QUẢ MỌNG   LỚN LÊN
TRE   HẠT ĐẬU
THỰC VẬT HỌC   CỎ
BỤI CÂY   VƯỜN
XƯƠNG RỒNG   IVY
PHÂN BÓN   RÊU
LÁ   CÁNH HOA
HOA   NGUỒN GỐC
FLORA   THỰC VẬT

74 - Ferme #2

```
T  K  H  H  A  R  H  G  D  L  L  K  T  T
C  Ố  I  X  A  Y  G  I  Ó  O  Ú  L  H  Ổ
D  T  H  Ẻ  P  V  N  B  C  Y  A  R  Ủ  O
K  H  V  Q  Y  N  Ô  T  D  M  M  V  Y  N
G  Ứ  R  U  T  B  N  R  A  R  Ì  Ự  L  G
C  C  P  A  I  M  G  Á  S  Ữ  A  A  Ợ  C
H  Ă  L  Đ  V  R  D  I  L  U  N  U  I  T
Í  N  H  Ồ  Ộ  H  Â  C  M  Á  Y  K  É  O
N  G  Ỗ  N  G  N  N  Â  C  T  A  U  L  V
Y  U  K  G  U  T  G  Y  P  H  O  D  A  N
K  D  C  C  A  Q  R  V  G  I  V  C  H  P
O  A  D  Ỏ  N  B  O  Ị  Ậ  T  U  H  K  N
T  P  C  C  P  G  R  T  V  T  C  Ừ  U  G
U  V  A  R  L  Ú  A  M  Ạ  C  H  L  M  Ô
```

NÔNG DÂN   CỐI XAY GIÓ
ĐỘNG VẬT   CỪU
LÚA MÌ   CHÍN
VỊT   THỨC ĂN
TRÁI CÂY   NGỖNG
VỰA   LÚA MẠCH
THỦY LỢI   ĐỒNG CỎ
SỮA   TỔ ONG
RAU   MÁY KÉO
NGÔ   THẺ

75 - École #1

```
V O C H G I Á O V I Ê N T B
D C U R I D B O G U I R N Ả
N B O T Ấ V T B Ú T I U Y N
M C Q H Y M V À M M R V Q G
Y T H Ư V I Ễ N B Ô T I Ẻ C
B Đ Ố M N Q C K Ữ N H U Q H
I Ú O Ụ L A Â P A T I O C Ữ
M O T C Ớ U U C T O L D N C
G H Ế C P B T B R Á M B O Á
B T Q B H T R I Ư N B G H I
Ạ D D V Ọ Ì Ả O A S K Y L N
N G H D C C L K V H Á N R H
B Q V G C G Ờ S T K Y C M V
È G C L T L I Ố H U U K H K
```

BẢNG CHỮ CÁI   GIÁO VIÊN
BẠN BÈ   THI
VUI VẺ   SÁCH
THƯ VIỆN   MÔN TOÁN
BÀN   SỐ
GHẾ   GIẤY
BÚT CHÌ   ĐỐ
BÚT   CÂU TRẢ LỜI
BỮA TRƯA   LỚP HỌC
THƯ MỤC

76 - Vacances #2

```
X E T Ắ C X I B Y Y H T X H
G K H Á C H S Ạ N H Ộ O E M
T I C Ắ M T R Ạ I U C I L B
H N Ả B Ã I B I Ể N H B Ử L
Ị G H I C L D Q V L I M A O
T O D I T T P R V H Ế P N N
H Ạ P D V R V K Ậ R U G P L
Ự I K Y Đ I Í O N G À Y L Ễ
C Q U Q Ả U L N C U L N N P
N U D Ả O T L Ề H T I Q Ú B
N Ố V O N I M C U A Q H I I
I C D C U H T Y Y T I L L Ể
Y B Ả N Đ Ồ Đ I Ể M Đ Ế N N
N M G I N H S Â N B A Y C B
```

SÂN BAY
CẮM TRẠI
BẢN ĐỒ
ĐIỂM ĐẾN
NGOẠI QUỐC
KHÁCH SẠN
ĐẢO
GIẢI TRÍ
BIỂN
NÚI

HỘ CHIẾU
ẢNH
BÃI BIỂN
XE TẮC XI
LỀU
XE LỬA
VẬN CHUYỂN
NGÀY LỄ
THỊ THỰC

77 - Outils

```
D  N  K  V  V  Í  T  D  A  X  M  P  I  O
L  Â  O  H  Ồ  H  B  A  P  Ẻ  Q  U  V  M
B  N  Y  K  K  K  É  O  N  N  A  A  A  T
P  Ú  G  T  H  A  N  G  V  G  R  A  P  C
R  P  A  Ọ  H  M  T  I  K  T  V  G  A  N
H  D  V  Y  N  Ừ  M  Ấ  Ì  V  C  N  B  H
B  B  D  M  Đ  N  Y  M  H  R  L  Á  A
B  I  C  H  C  A  U  G  D  L  N  R  N  D
D  A  Y  M  K  M  I  Ố  R  N  Y  I  H  K
A  V  I  R  O  T  K  V  C  K  C  B  X  K
O  C  Á  P  A  U  R  P  R  Ì  U  K  E  H
C  K  A  T  B  I  Y  I  G  D  R  E  C  I
Ạ  P  V  N  B  M  N  A  P  L  N  O  L  G
O  O  L  O  H  M  T  A  T  I  I  Y  M  D
```

GIẤY	VỒ
CÁP	BÚA
KÉO	XẺNG
KEO	KÌM
DÂY THỪNG	DAO CẠO
DAO	BÁNH XE
THANG	NGỌN ĐUỐC
RÌU	VÍT

78 - Temps

```
M  V  B  U  Ổ  I  T  R  Ư  A  V  C  A  P
U  K  T  U  A  I  D  N  L  H  S  A  U  H
Đ  Q  B  U  Ổ  V  U  T  P  N  Ớ  A  K  À
Ồ  T  Â  T  Ầ  I  C  T  D  Ă  M  O  B  N
N  I  Y  R  L  N  S  T  T  M  B  P  M  G
G  I  G  Ư  P  G  V  Á  T  Q  O  A  U  N
H  C  I  Ớ  G  À  I  R  N  C  U  L  V  Ă
Ồ  Ô  Ờ  C  I  Y  D  U  T  G  Y  G  I  M
H  G  M  C  Ờ  I  U  T  H  Ậ  P  K  Ỷ  B
T  T  A  Q  L  Ị  C  H  Ế  L  M  H  M  M
P  H  Ú  T  U  U  O  Á  K  Q  I  N  D  Q
Đ  Q  P  P  B  A  I  N  Ỷ  K  H  A  Y  V
Ê  N  K  I  C  G  V  G  T  U  G  Q  B  D
M  T  Ư  Ơ  N  G  L  A  I  V  O  R  Q  G
```

NĂM	ĐỒNG HỒ
HÀNG NĂM	NGÀY
SAU	BÂY GIỜ
TRƯỚC	BUỔI SÁNG
SỚM	BUỔI TRƯA
LỊCH	PHÚT
THẬP KỶ	THÁNG
TƯƠNG LAI	ĐÊM
GIỜ	TUẦN
HÔM QUA	THẾ KỶ

79 - Maison

```
H  P  V  Y  N  M  D  G  I  N  C  Đ  G  O
À  M  U  M  G  Q  C  Á  A  D  K  H  È  D
N  V  A  Á  G  B  H  C  Ử  A  S  Ổ  Ổ  N
G  Ư  Q  I  I  U  Ì  X  P  H  Ò  N  G  I
R  Ờ  K  N  R  A  A  É  L  I  A  I  A  V
À  N  T  H  M  G  K  P  C  C  R  Y  R  R
O  V  R  À  C  T  H  U  M  C  I  T  A  H
A  L  Ầ  L  R  Ử  Ó  L  V  O  Q  H  Y  Q
P  T  N  R  B  Q  A  Ò  Y  A  B  Ư  I  V
B  V  Ò  I  H  O  A  S  E  N  G  V  H  L
N  H  À  B  Ế  P  T  Ư  Ờ  N  G  I  K  M
V  M  N  O  N  L  H  Ở  N  T  I  Ễ  U  N
Q  O  N  M  L  R  Ả  I  G  Ư  Ơ  N  G  G
R  N  H  G  R  È  M  C  Ử  A  I  B  C  A
```

CHỔI	GÁC XÉP
THƯ VIỆN	VƯỜN
PHÒNG	ĐÈN
LÒ SƯỞI	GƯƠNG
CHÌA KHÓA	TƯỜNG
HÀNG RÀO	TRẦN
NHÀ BẾP	CỬA
VÒI HOA SEN	RÈM CỬA
CỬA SỔ	THẢM
GA-RA	MÁI NHÀ

80 - Légumes

```
S  K  H  T  G  C  Ủ  H  Ẹ  Q  Q  Y  G  A
U  A  Ô  P  Ừ  N  L  B  D  U  M  N  C  R
Y  L  L  B  N  O  N  I  O  Ả  Ù  P  Ầ  B
D  R  I  A  G  R  O  N  G  B  I  Ể  N  Ô
Đ  Ậ  U  I  D  N  Ấ  M  A  Í  T  C  T  N
I  C  D  K  O  K  V  V  H  N  Â  À  Â  G
A  L  N  Ư  M  L  Y  I  C  G  Y  C  Y  C
G  B  G  H  A  M  L  H  A  Ô  L  H  D  Ả
H  R  R  N  T  C  Ủ  C  Ả  I  R  U  V  I
I  R  M  G  I  À  H  M  T  N  O  A  T  X
T  V  C  K  S  R  À  U  M  R  C  H  A  A
V  O  N  R  Ô  Ố  N  K  Ộ  A  C  L  R  N
D  V  G  L  L  T  H  C  U  T  Ỏ  I  Y  H
R  A  U  B  I  N  A  G  C  À  T  Í  M  U
```

TỎI	CỦ HẸ
RONG BIỂN	RAU BINA
ATISÔ	GỪNG
CÀ TÍM	CỦ CẢI
BÔNG CẢI XANH	HÀNH
CÀ RỐT	Ô LIU
CẦN TÂY	MÙI TÂY
NẤM	ĐẬU
QUẢ BÍ NGÔ	SALAD
DƯA CHUỘT	CÀ CHUA

81 - Plage

```
B  D  G  D  É  P  Q  Đ  V  G  U  M  K  Đ
Ờ  I  U  Q  O  Q  O  Ầ  A  Ỏ  L  Ặ  H  Ạ
B  P  Ể  N  R  C  R  M  M  U  U  T  Ă  I
I  O  D  N  L  Á  K  Đ  L  I  H  T  N  D
Ể  N  N  H  U  T  R  Ả  L  Ạ  I  R  T  Ư
N  I  I  N  K  Y  Y  O  I  L  R  Ờ  H  Ơ
I  L  B  P  A  R  R  G  O  K  P  I  U  N
A  K  R  R  B  C  N  K  T  D  Y  O  Y  G
M  K  Ô  R  K  L  L  Ỳ  N  Y  C  Q  Ề  D
M  À  U  X  A  N  H  N  Q  T  P  M  N  Y
T  H  U  Y  Ề  N  A  G  C  H  A  O  B  C
B  T  D  Y  H  D  D  H  V  B  M  P  U  U
I  R  M  N  I  C  B  Ỉ  D  H  T  N  Ồ  A
Y  H  K  C  U  R  R  R  P  B  T  Q  M  L
```

THUYỀN   ĐẠI DƯƠNG
MÀU XANH   TRẢ LẠI
VỎ   CÁT
BỜ BIỂN   DÉP
CUA   KHĂN
DOCK   MẶT TRỜI
ĐẢO   KỲ NGHỈ
ĐẦM   THUYỀN BUỒM
BIỂN

82 - Famille

```
C  B  A  Ô  E  M  G  Á  I  C  U  H  C  B
O  V  À  N  N  Ẹ  U  I  Y  H  O  C  H  R
N  P  K  G  H  Y  K  O  L  Ú  N  N  A  H
G  P  N  D  K  T  H  Ờ  I  T  H  Ơ  Ấ  U
Á  V  T  G  H  R  R  C  H  Á  U  G  Á  I
I  B  C  P  L  Ể  R  A  N  R  K  K  K  G
V  L  T  U  A  E  A  M  I  T  A  Q  O  K
T  T  A  V  H  M  L  R  O  Ổ  R  U  M  N
C  H  Á  U  T  R  A  I  P  T  N  H  V  Q
B  V  T  C  H  Á  U  I  H  I  V  I  U  M
E  Ợ  B  C  H  Ồ  N  G  L  Ê  Q  L  C  M
M  C  Y  G  T  B  P  A  T  N  D  T  R  O
H  L  C  K  C  R  D  G  M  O  P  L  D  K
Ọ  U  L  G  G  M  H  I  R  T  N  H  Ì  G
```

TỔ TIÊN
EM HỌ
THỜI THƠ ẤU
CON
TRẺ EM
VỢ
CON GÁI
ANH TRAI
BÀ
ÔNG

CHỒNG
MẸ
CHÁU
CHÁU GÁI
CHÚ
CHÁU TRAI
CHA
EM GÁI
DÌ

83 - Oiseaux

```
C  Y  B  A  U  O  T  G  A  Đ  C  C  H  G
H  U  Ê  N  C  O  N  Q  U  Ạ  H  O  V  À
I  L  M  U  H  U  B  N  A  I  I  N  Ị  V
M  B  R  D  I  Ễ  C  G  O  B  M  V  T  H
S  U  P  C  M  G  H  H  P  À  B  Ẹ  H  T
Ẻ  M  T  U  C  Ô  N  G  K  N  Ồ  T  I  Y
K  U  T  O  U  C  A  N  M  G  C  M  Ê  N
M  Ò  N  G  B  I  Ể  N  G  U  Â  K  N  G
P  B  M  I  T  Ồ  V  B  D  Ỗ  U  P  N  H
Đ  À  Đ  I  Ể  U  N  M  L  L  N  G  G  B
D  Y  G  D  T  I  P  Ô  U  D  H  G  A  A
B  C  C  M  G  L  U  A  N  B  T  Q  D  P
R  T  T  R  Ứ  N  G  M  I  G  T  C  G  P
C  H  I  M  C  Á  N  H  C  Ụ  T  Ò  G  G
```

ĐẠI BÀNG	CHIM SẺ
ĐÀ ĐIỂU	MÒNG BIỂN
VỊT	TRỨNG
CÒ	NGỖNG
YÊU	CÔNG
CON QUẠ	CON VẸT
CHIM CU	BỒ NÔNG
THIÊN NGA	CHIM BỒ CÂU
DIỆC	GÀ
CHIM CÁNH CỤT	TOUCAN

84 - Disciplines Scientifiques

```
T  Â  M  L  Ý  L  C  Y  V  T  K  T  H  Đ
H  S  I  N  H  T  H  Á  I  H  H  H  H  Ị
Ự  O  Ễ  G  Q  V  M  C  V  I  Í  Ầ  Ó  A
C  Y  N  G  Ô  N  N  G  Ữ  Ê  T  N  A  C
V  K  D  Q  X  N  K  N  Q  N  Ư  K  S  H
Ậ  P  Ị  K  Ã  V  V  Y  I  V  Ợ  I  I  Ấ
T  N  C  H  H  B  K  A  R  Ă  N  N  N  T
H  V  H  O  Ộ  Ả  G  K  O  N  G  H  H  H
Ọ  G  U  Á  I  U  O  G  O  H  H  C  P  Ọ
C  S  I  N  H  H  Ọ  C  L  Ọ  Ọ  N  R  C
H  P  D  G  Ọ  H  B  Y  Ổ  C  C  N  K  K
Q  Y  R  H  C  R  I  R  C  H  V  I  V  H
R  O  B  O  T  I  C  S  T  A  Ọ  K  L  Y
C  Ơ  K  H  Í  H  Ó  A  H  Ọ  C  C  R  Y
```

KHẢO CỔ HỌC	NGÔN NGỮ
THIÊN VĂN HỌC	CƠ KHÍ
HÓA SINH	KHÍ TƯỢNG HỌC
SINH HỌC	KHOÁNG
THỰC VẬT HỌC	THẦN KINH
HÓA HỌC	TÂM LÝ
SINH THÁI	ROBOTICS
ĐỊA CHẤT HỌC	XÃ HỘI HỌC
MIỄN DỊCH	

85 - Émotions

```
H  C  T  K  Q  T  S  Ự  P  H  Ẫ  N  N  Ộ
À  K  H  R  L  R  H  I  L  Ặ  N  G  Q  V
I  O  A  Á  I  D  N  U  Ò  O  I  N  O  R
L  P  Q  P  N  Â  U  Y  N  L  Ề  Õ  U  P
Ò  H  P  P  Y  N  N  O  G  L  M  I  A  I
N  C  Q  Q  Y  C  Ả  G  T  G  V  B  K  T
G  D  D  G  I  Ả  O  N  Ố  H  U  U  H  K
V  I  Ị  T  K  M  B  H  T  Q  I  Ồ  Ò  Y
X  Ấ  U  H  Ổ  T  H  Ư  G  I  Ã  N  A  H
K  Q  D  A  M  H  N  N  U  O  U  R  B  H
M  Y  À  Y  U  Ô  T  T  Ỗ  N  L  I  Ì  B
Y  Ê  N  B  Ì  N  H  N  Ộ  I  D  U  N  G
A  U  G  L  G  G  K  P  K  C  S  I  H  D
B  Ị  K  Í  C  H  T  H  Í  C  H  Ợ  U  Y
```

YÊU	NIỀM VUI
LẶNG	HÒA BÌNH
SỰ PHẪN NỘ	NỖI SỢ
NỘI DUNG	TRI ÂN
THƯ GIÃN	HÀI LÒNG
XẤU HỔ	CẢM THÔNG
CHÁN NẢN	DỊU DÀNG
BỊ KÍCH THÍCH	YÊN BÌNH
LÒNG TỐT	NỖI BUỒN

86 - Géographie

```
L  G  N  T  V  Q  C  A  Q  A  M  T  B  C
Ã  Y  U  N  I  U  A  I  N  I  N  Ú  I  G
N  K  A  Y  Y  Ố  Q  L  L  A  K  M  Ể  K
H  M  P  Đ  Ộ  C  A  O  R  B  T  K  N  B
T  Ư  O  N  Y  G  Q  D  G  Á  C  P  T  Ắ
H  M  Ớ  Đ  Ạ  I  D  Ư  Ơ  N  G  H  H  C
Ổ  S  Ô  N  G  A  P  H  A  C  M  Í  Ế  K
A  B  Q  P  G  V  Ĩ  Đ  Ộ  Ầ  B  A  G  H
L  T  U  N  P  T  I  C  N  U  L  N  I  U
Ụ  L  L  T  N  C  Â  Q  L  Y  H  A  Ớ  V
C  T  H  A  Q  D  C  Y  G  I  I  M  I  Ự
Đ  G  U  U  S  B  Ả  N  Đ  Ồ  Đ  O  Q  C
Ị  A  K  I  N  H  T  U  Y  Ế  N  Ả  M  O
A  T  H  À  N  H  P  H  Ố  U  K  D  O  D
```

ĐỘ CAO	THẾ GIỚI
ATLAS	NÚI
BẢN ĐỒ	BẮC
LỤC ĐỊA	ĐẠI DƯƠNG
SÔNG	HƯỚNG TÂY
BÁN CẦU	QUỐC GIA
ĐẢO	KHU VỰC
VĨ ĐỘ	PHÍA NAM
BIỂN	LÃNH THỔ
KINH TUYẾN	THÀNH PHỐ

87 - Danse

```
A  V  Ă  N  H  O  Á  C  Ổ  Đ  I  Ể  N  M
V  U  Y  H  Ọ  H  C  Ả  M  X  Ú  C  A  T
P  I  V  Ị  C  Đ  H  V  Y  H  H  M  H  T
O  V  U  P  V  Ố  O  R  Ă  U  R  Q  B  C
Y  Ẻ  D  B  I  I  R  U  N  P  K  V  Ơ
R  C  P  B  Ệ  T  E  T  Ư  T  H  Ế  R  T
G  L  K  O  N  Á  O  Q  D  N  O  Ó  O  H
Â  M  N  H  Ạ  C  G  Y  M  H  N  C  A  Ể
M  P  N  M  T  Q  R  D  Q  G  G  Â  R  T
R  P  G  H  I  G  A  V  C  N  T  N  L  N
M  Q  D  I  Ả  U  P  I  I  D  R  N  Y  D
V  B  I  N  B  Y  H  N  I  I  À  U  Y  I
Q  T  C  L  P  U  Y  U  U  D  O  D  L  P
T  R  U  Y  Ề  N  T  H  Ố  N  G  Y  R  O
```

HỌC VIỆN   VUI VẺ
CHOREOGRAPHY   PHONG TRÀO
CỔ ĐIỂN   ÂM NHẠC
CƠ THỂ   ĐỐI TÁC
VĂN HOÁ   TƯ THẾ
VĂN HÓA   NHỊP
CẢM XÚC   NHẢY
ÂN   TRUYỀN THỐNG

88 - Bâtiments

```
V  C  M  Đ  B  O  L  S  I  Ê  U  T  H  Ị
Ự  Ă  Q  Ạ  U  R  R  Ề  G  P  B  Q  L  C
A  N  L  I  Đ  À  I  Q  U  A  N  S  Á  T
H  H  Â  S  B  S  B  Ệ  N  H  V  I  Ệ  N
I  Ộ  U  Ứ  O  Â  B  Ả  O  T  À  N  G  R
M  K  Đ  Q  U  N  G  Q  P  H  P  Q  G  K
C  V  À  U  A  V  N  A  T  H  Á  P  R  H
R  A  I  Á  X  Ậ  H  C  R  A  H  C  R  Á
Ạ  M  B  N  Ư  N  À  K  U  A  N  Y  C  C
P  T  Y  I  Ở  Đ  T  Đ  Ạ  I  H  Ọ  C  H
H  Y  N  L  N  Ộ  H  U  C  K  À  P  L  S
Á  U  C  M  G  N  Ờ  Y  Q  R  M  A  O  Ạ
T  T  V  T  D  G  R  I  I  N  Á  L  H  N
T  R  Ư  Ờ  N  G  H  Ọ  C  L  Y  M  Q  K
```

ĐẠI SỨ QUÁN
CĂN HỘ
XƯỞNG
CABIN
NHÀ THỜ
LÂU ĐÀI
TRƯỜNG HỌC
GA-RA
VỰA
BỆNH VIỆN

KHÁCH SẠN
BẢO TÀNG
ĐÀI QUAN SÁT
SÂN VẬN ĐỘNG
SIÊU THỊ
LỀU
RẠP HÁT
THÁP
ĐẠI HỌC
NHÀ MÁY

89 - Pêche

```
K  T  O  V  O  I  U  M  U  H  B  G  M  O
I  R  Y  A  R  C  P  L  U  Y  H  Y  M  I
Ê  D  Â  Y  S  C  Á  I  R  Ổ  H  U  U  T
N  K  T  M  Ô  Q  C  U  T  P  À  N  C  T
N  P  H  Ó  N  G  Đ  Ạ  I  H  M  Ù  A  N
H  D  I  C  G  M  Ạ  M  Ồ  I  U  U  Y  I
Ẫ  Y  Ế  C  M  H  I  V  A  N  G  Y  P  I
N  H  T  O  H  G  D  H  L  N  D  Q  Ề  H
Ấ  D  B  I  U  D  Ư  Y  D  G  G  G  L  N
U  L  Ị  N  K  K  Ơ  B  Ã  I  B  I  Ể  N
N  Ư  Ớ  C  Â  N  N  Ặ  N  G  H  O  V  I
T  L  Q  I  Y  R  G  P  L  K  Ồ  C  K  P
Q  G  K  R  D  C  A  K  Y  N  M  U  A  R
U  V  L  Y  K  H  R  D  Y  H  D  U  O  R
```

MỒI	SÔNG
THUYỀN	HỒ
MANG	HÀM
MÓC	ĐẠI DƯƠNG
NẤU	CÁI RỔ
NƯỚC	KIÊN NHẪN
PHÓNG ĐẠI	BÃI BIỂN
THIẾT BỊ	CÂN NẶNG
DÂY	MÙA

90 - Activités et Loisirs

```
G  H  M  B  Ó  N  G  Đ  Á  D  P  K  G  B
C  O  I  U  B  Ó  N  G  R  Ổ  Q  N  M  Ứ
G  Ắ  Y  M  A  H  A  G  Y  N  L  G  Q  C
O  I  M  C  N  S  Ở  T  H  Í  C  H  Q  T
L  L  C  T  H  C  Ắ  L  Ư  Ớ  T  Ễ  U  R
F  H  P  B  R  C  Â  M  T  A  H  T  Y  A
N  K  U  Q  Q  Ạ  K  U  R  M  Ư  H  Ề  N
B  B  Ơ  I  L  Ộ  I  M  C  G  G  U  N  H
C  G  H  M  Ặ  B  Q  H  V  Á  I  Ậ  A  O
T  Y  B  Ó  N  G  C  H  À  Y  Ã  T  N  H
L  À  M  V  Ư  Ờ  N  M  O  M  N  I  H  P
K  M  R  T  B  Ó  N  G  C  H  U  Y  Ề  N
P  K  D  P  Q  U  Ầ  N  V  Ợ  T  I  P  C
D  U  L  Ị  C  H  I  D  M  C  T  H  P  I
```

MUA SẮM   SỞ THÍCH
NGHỆ THUẬT   BỨC TRANH
BÓNG CHÀY   CÂU CÁ
BÓNG RỔ   LẶN
QUYỀN ANH   THƯ GIÃN
CẮM TRẠI   LƯỚT
BÓNG ĐÁ   QUẦN VỢT
GOLF   BÓNG CHUYỀN
LÀM VƯỜN   DU LỊCH
BƠI LỘI

91 - Livres

```
H  À  I  H  Ư  Ớ  C  L  B  H  I  A  U  O
T  Ừ  D  D  N  K  É  O  D  À  I  K  L  H
I  B  I  K  Ị  C  H  Ạ  T  R  I  V  Ị  K
Ể  P  N  T  U  Q  V  T  G  B  N  T  C  R
U  N  Â  M  P  I  G  H  T  A  S  H  H
T  R  A  N  G  D  Ế  U  B  Ơ  O  Á  S  Ơ
H  P  C  T  C  Y  T  T  Q  U  Y  N  Ử  B
U  M  Q  N  G  Ư  Ờ  I  Đ  Ọ  C  G  P  Ố
Y  T  Á  C  G  I  Ả  U  V  I  M  T  Y  I
Ế  N  I  B  G  I  L  A  A  Ă  H  Ạ  Y  C
T  C  Q  Q  D  R  Y  M  O  K  N  O  C  Ả
C  Â  U  C  H  U  Y  Ễ  N  M  U  H  C  N
B  Ộ  S  Ư  U  T  Ậ  P  H  U  I  M  Ọ  H
C  Ó  L  I  Ê  N  Q  U  A  N  R  G  K  C
```

TÁC GIẢ	NGƯỜI ĐỌC
BỘ SƯU TẬP	VĂN HỌC
BỐI CẢNH	TỪ
KÉO DÀI	TRANG
VIẾT	CÓ LIÊN QUAN
CÂU CHUYỆN	BÀI THƠ
LỊCH SỬ	THƠ
HÀI HƯỚC	TIỂU THUYẾT
NGÂM	LOẠT
SÁNG TẠO	BI KỊCH

92 - Pays #2

```
K  Q  N  K  R  P  C  A  T  G  I  H  Q  Q
M  T  G  D  I  H  A  I  T  I  P  Q  L  O
O  L  A  Q  J  Á  L  E  B  A  N  O  N  M
P  T  À  Y  A  P  N  D  A  K  E  N  Y  A
A  R  S  O  M  A  L  I  A  I  M  H  V  L
K  U  U  G  A  N  D  A  L  N  E  Ậ  D  B
I  N  D  K  I  M  D  K  K  D  X  T  I  A
S  G  A  C  C  U  H  R  M  O  I  B  R  N
T  Q  N  G  A  A  A  G  R  N  C  Ả  E  I
A  U  Đ  A  N  M  Ạ  C  H  E  O  N  L  A
N  Ố  U  K  R  A  I  N  A  S  C  T  A  L
B  C  A  V  K  I  S  Y  R  I  A  I  N  B
U  L  V  G  U  H  K  V  L  A  K  L  D  G
P  V  K  P  P  U  M  P  C  N  O  K  P  V
```

ALBANIA	LÀO
TRUNG QUỐC	LEBANON
ĐAN MẠCH	MEXICO
PHÁP	UGANDA
HAITI	PAKISTAN
INDONESIA	NGA
IRELAND	SOMALIA
JAMAICA	SUDAN
NHẬT BẢN	SYRIA
KENYA	UKRAINA

93 - Fournitures d'Art

```
S  Đ  Ấ  T  S  É  T  M  Ự  C  B  À  N  L
Á  M  B  Ẩ  I  R  B  Á  V  V  Ú  A  Q  D
N  À  À  Y  I  Q  I  Y  D  H  T  G  H  V
G  U  N  U  K  E  O  Ả  T  U  C  A  H  M
T  N  C  M  S  V  B  N  H  B  H  I  O  Ế
Ạ  Ư  H  M  A  Ắ  H  H  A  D  Ì  A  U  O
O  Ớ  Ả  C  P  M  C  U  N  Q  Ầ  D  B  U
Y  C  I  G  I  Ấ  Y  G  P  T  B  U  U  A
P  A  S  T  E  L  S  Q  I  U  N  Ư  Ớ  C
Ý  T  Ư  Ở  N  G  E  A  S  E  L  D  G  R
B  A  C  G  Y  Q  B  Q  V  C  D  A  N  Y
N  R  B  V  R  I  O  A  P  C  R  T  D  L
U  H  P  O  Y  G  C  V  P  C  Q  L  I  I
V  G  A  O  G  T  R  L  Y  M  P  R  H  C
```

ACRYLIC	BÚT CHÌ
MÀU NƯỚC	SÁNG TẠO
ĐẤT SÉT	NƯỚC
BÀN CHẢI	MỰC
MÁY ẢNH	TẨY
GHẾ	DẦU
THAN	Ý TƯỞNG
EASEL	GIẤY
KEO	PASTELS
MÀU SẮC	BÀN

94 - Jouets

```
M  G  Q  C  Ờ  V  U  A  Đ  I  D  Q  B  X
K  P  M  B  Â  P  Q  B  N  Ấ  A  V  Y  E
A  M  D  I  Ề  U  H  N  T  A  T  V  T  L
S  Á  C  H  X  E  Đ  Ạ  P  D  R  S  V  Ử
Ơ  Y  M  T  E  D  P  Ố  R  U  Ố  O  É  A
N  B  M  R  H  X  E  T  Ả  I  N  D  A  T
N  A  I  Ò  Ơ  U  M  V  B  P  G  Y  L  C
B  Y  Q  C  I  R  Y  Ê  U  T  H  Í  C  H
Q  K  G  H  Y  O  T  Ề  R  A  U  N  I  M
C  H  M  Ơ  M  B  B  Ó  N  G  B  H  Q  T
A  L  Y  I  R  O  L  T  U  N  M  C  G  T
C  I  D  L  P  T  B  Ú  P  B  Ê  U  Q  C
N  G  A  V  Đ  Ồ  T  H  Ủ  C  Ô  N  G  R
A  N  C  C  M  T  P  B  T  Y  M  O  T  V
```

ĐẤT SÉT	SÁCH
ĐỒ THỦ CÔNG	SƠN
MÁY BAY	BÚP BÊ
BÓNG	CÂU ĐỐ
THUYỀN	ROBOT
XE TẢI	TRỐNG
DIỀU	XE LỬA
CỜ VUA	XE ĐẠP
YÊU THÍCH	XE HƠI
TRÒ CHƠI	

95 - Eau

```
H  Q  G  K  D  N  Đ  Ộ  Ẩ  M  U  A  D  T
Ơ  S  Ô  N  G  T  R  Ạ  Q  Ư  Y  G  M  H
I  B  Ó  K  Ê  N  H  R  I  A  T  V  T  Ủ
N  L  D  N  V  U  Ố  N  G  D  G  R  C  Y
Ư  D  D  B  G  I  Ó  M  Ù  A  Ư  Q  M  L
Ớ  N  D  A  C  C  U  B  M  G  M  Ơ  Ơ  Ợ
C  L  T  Y  Ơ  Q  R  A  O  Q  K  I  N  I
T  D  K  H  N  V  T  P  G  T  G  M  Q  G
T  U  K  Ơ  B  S  Ư  Ơ  N  G  G  I  Á  E
I  A  Y  I  Ã  P  H  I  Ư  Y  L  L  M  Y
K  Q  I  Ế  O  H  Ồ  O  Ớ  Q  H  L  R  S
D  N  R  A  T  M  Q  I  C  B  O  Y  H  E
I  L  Ũ  L  Ụ  T  K  H  Đ  C  G  U  N  R
C  T  Q  Y  R  C  N  Y  Á  A  H  V  H  P
```

KÊNH   HỒ
BAY HƠI   GIÓ MÙA
SÔNG   TUYẾT
SƯƠNG GIÁ   ĐẠI DƯƠNG
GEYSER   CƠN BÃO
NƯỚC ĐÁ   MƯA
ĐỘ ẨM   UỐNG
LŨ LỤT   SÓNG
THỦY LỢI   HƠI NƯỚC

96 - Paysages

```
V L A D P Đ Ồ I L K A H G L
N V K U M Ả Ầ Y D R D T I Ã
L P G Y M O I M Ố C Đ Ả O N
Đ Ạ I D Ư Ơ N G L Q H C O H
T H U N G L Ũ N G Ầ P Ử P N
A Ồ O S S M N B H H Y A Y G
C K U P A Ô G T L L N S B U
B I Ể N V M N I V U P Ô V Y
Y A U A K N Ạ G U A Y N Ị Ê
M C A R G N C B D M G N N
N Ú I L Ử A P P Y Ă T Q H H
T H Á C N Ư Ớ C B Á N Đ Ả O
S Ô N G A H A N G L A G D C
B Ã I B I Ể N Ú I K R G G G
```

THÁC NƯỚC	ĐẦM LẦY
ĐỒI	BIỂN
SA MẠC	NÚI
CỬA SÔNG	ỐC ĐẢO
SÔNG	ĐẠI DƯƠNG
SÔNG BĂNG	BÁN ĐẢO
VỊNH	BÃI BIỂN
HANG	LÃNH NGUYÊN
ĐẢO	THUNG LŨNG
HỒ	NÚI LỬA

97 - Nombres

```
M  M  M  M  B  Ố  N  Ă  M  M  M  M  I  N
Ư  Ư  Ư  Ư  C  H  H  B  Ư  Ư  Ư  B  A  R
Ờ  Ờ  Ờ  Ờ  V  U  M  I  Ờ  Ờ  Ờ  H  Ẩ  D
I  I  I  I  B  R  O  I  I  I  G  B  Y
T  S  P  B  C  B  U  L  L  B  H  A  I  A
Á  Á  Q  A  Y  H  Ố  B  Ă  Ả  A  C  C  N
M  U  H  G  O  O  Í  N  M  Y  I  G  I  K
T  H  Ậ  P  P  H  Â  N  C  H  Í  N  S  B
Á  A  P  I  N  D  T  D  N  V  N  B  Ố  T
M  I  I  M  V  R  R  L  R  L  L  G  K  M
C  M  D  R  N  U  M  C  R  D  M  N  H  L
G  Ư  S  Á  U  A  K  O  R  Y  V  M  Ô  D
H  Ơ  T  P  A  I  A  B  R  A  A  P  N  K
U  I  T  I  R  Y  N  P  M  D  Y  A  G  G
```

NĂM	MƯỜI BỐN
HAI	BỐN
THẬP PHÂN	MƯỜI LĂM
MƯỜI	MƯỜI SÁU
MƯỜI TÁM	BẢY
MƯỜI CHÍN	SÁU
MƯỜI BẢY	MƯỜI BA
MƯỜI HAI	BA
TÁM	HAI MƯƠI
CHÍN	SỐ KHÔNG

98 - Nature

```
Q U A N T R Ọ N G K O M S U
K D C H U Q L H V D D Q Ô C
S Ô N G P V Á V Ò Q R Ừ N G
E Ư H O A N G D Ã A Q M G D
R Y Ơ M K X B T L I B M B V
E N V N A Ó H H B I K Ì Ă D
N Ú Ẻ Ă G I V Á O N G C N N
E I Đ N K M L N B N G U G H
P K Ẹ G B Ò Ù H S A M Ạ C I
A K P Đ Ắ N Đ Á M M Â Y Q Ễ
M I M Ộ C V T Đ Ộ N G V Ậ T
H B T N C H O D O P L Y T Đ
U O M G Ự K U G C O C G T Ớ
U M I H C P N I H N K I V I
```

ONG	RỪNG
ĐỘNG VẬT	SÔNG BĂNG
BẮC CỰC	NÚI
VẺ ĐẸP	ĐÁM MÂY
SƯƠNG MÙ	HÒA BÌNH
SA MẠC	THÁNH
NĂNG ĐỘNG	HOANG DÃ
XÓI MÒN	SERENE
LÁ	NHIỆT ĐỚI
SÔNG	QUAN TRỌNG

99 - Bateaux

```
I  K  P  B  Y  Đ  Y  B  Y  X  U  Ồ  N  G
C  T  H  L  U  Ộ  D  U  T  H  U  Y  Ề  N
I  H  I  S  Ô  N  G  T  H  Ủ  Y  T  H  Ủ
C  Q  H  M  L  G  P  H  A  O  P  B  O  B
R  H  À  M  V  C  H  Ủ  Ồ  C  C  Y  C  O
B  È  N  C  S  Ơ  À  Y  Y  C  M  O  M  P
P  L  H  Ộ  Ó  N  I  T  H  Ả  I  L  Ý  N
Q  B  Đ  T  N  K  R  R  K  A  Y  A  K  E
A  D  O  B  G  N  B  I  Ể  N  B  O  A  O
B  N  À  U  M  I  Q  Ề  Ô  I  M  C  V  I
H  H  N  Ồ  H  B  G  U  T  Q  Q  T  K  H
L  C  O  M  D  Â  Y  T  H  Ừ  N  G  H  Y
T  H  U  Y  Ề  N  B  U  Ồ  M  L  U  P  T
U  A  I  R  B  Đ  Ạ  I  D  Ư  Ơ  N  G  Q
```

NEO	THỦY THỦ
PHAO	CỘT BUỒM
XUỒNG	BIỂN
DÂY THỪNG	ĐỘNG CƠ
PHI HÀNH ĐOÀN	HẢI LÝ
PHÀ	ĐẠI DƯƠNG
SÔNG	BÈ
KAYAK	SÓNG
HỒ	THUYỀN BUỒM
THỦY TRIỀU	DU THUYỀN

100 - Mesures

```
D  K  Q  G  R  A  M  B  Y  Y  M  C  Â  P
R  C  V  U  A  N  G  É  L  T  B  Y  M  H
C  E  N  T  I  M  E  T  T  Ấ  N  M  L  Ú
B  H  K  I  L  Ô  G  A  M  C  U  G  Ư  T
C  H  I  Ề  U  R  Ộ  N  G  Â  B  K  Ợ  C
R  P  L  Ề  P  Q  H  Q  B  N  I  H  N  N
B  U  Ô  O  U  N  C  E  P  N  K  Ố  G  V
C  C  M  M  D  D  B  A  G  Ặ  L  I  A  U
Y  M  É  Q  D  I  À  Y  Y  N  O  L  N  N
G  G  T  I  U  N  H  I  T  G  K  Ư  C  Đ
C  H  I  Ề  U  C  A  O  R  E  C  Ợ  L  Ộ
P  T  V  I  T  H  Ậ  P  P  H  Â  N  Í  S
T  R  Ì  N  H  Đ  Ộ  L  A  L  T  G  T  Â
L  H  R  A  I  I  V  V  M  Y  L  H  N  U
```

CENTIMET	KHỐI LƯỢNG
TRÌNH ĐỘ	MÉT
THẬP PHÂN	PHÚT
GRAM	BYTE
CHIỀU CAO	OUNCE
KILÔGAM	CÂN NẶNG
KILÔMÉT	INCH
CHIỀU RỘNG	ĐỘ SÂU
LÍT	TẤN
CHIỀU DÀI	ÂM LƯỢNG

1 - Été

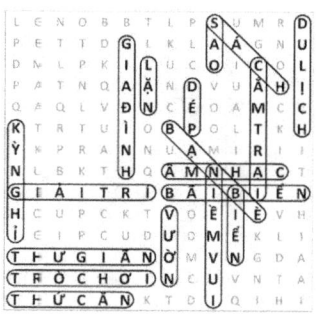

2 - Adjectifs #2

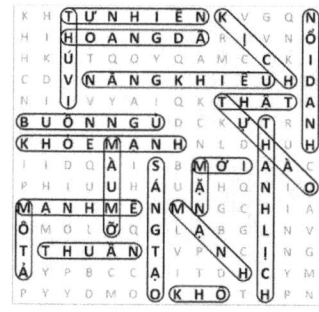

3 - Formes

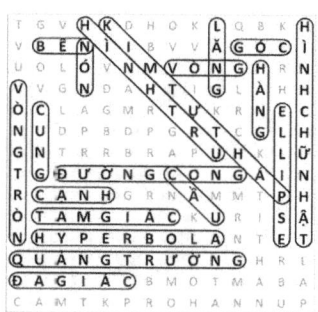

4 - Salle de Bains

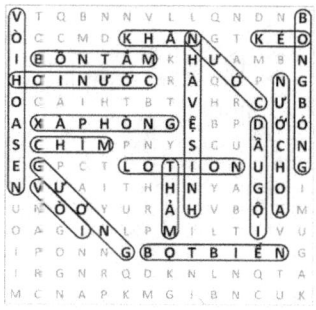

5 - Adjectifs #1

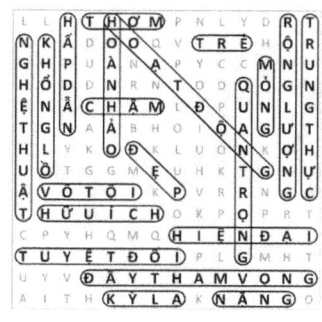

6 - Instruments de Musique

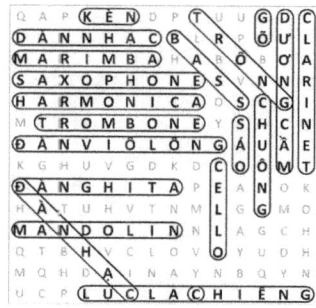

7 - Échecs

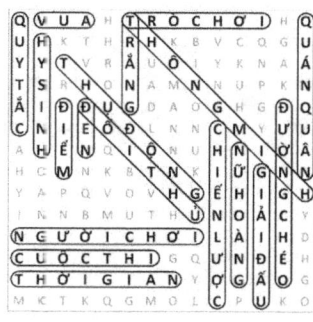

8 - Herboristerie

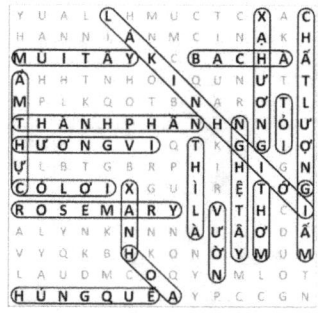

9 - Véhicules

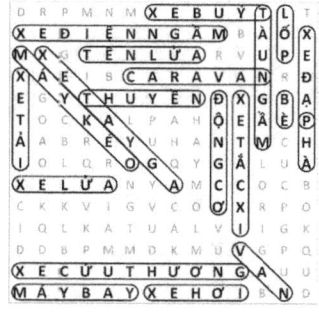

10 - Camping

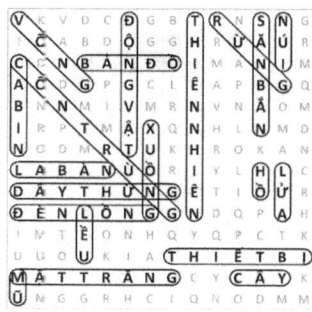

11 - Conservation

12 - Écologie

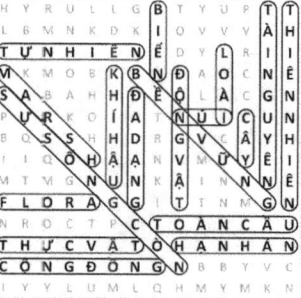

13 - Astronomie

14 - Types de Cheveux

15 - Restaurant #1

16 - Mammifères

17 - Sports

18 - Chocolat

19 - Mathématiques

20 - Mythologie

21 - Restaurant #2

22 - Couleurs

23 - Avions

24 - Aventure

25 - Ville

THƯ VIỆN, RẠP HÁT, SÂN BAY, ĐẠI HỌC, BẢO TÀNG, SỞ THÚ, KHÁCH SẠN, CỬA HÀNG

26 - Cuisine

FORKS, NƯỚNG, ÁM, THÌA, LÝ, BÌNH, TẬP ĐỂ, CÔNG THỨC

27 - Corps Humain

ĐẦU GỐI, MÁU, TIM, TAI, HÀM, ĐẦU, MŨI, ĐÔI MÔI, NGÓN TAY, TAY

28 - Épices

ĐÁNG ỨNG, CÂY THÌ LÀ, TIÊU, CẾ, THÌ LÀ, CAM THẢO, THẢO QUẢ, VANI

29 - Science

GIẢ THUYẾT, KHOÁNG SẢN, PHÂN TỬ, NGUYÊN, TỬ, QUAN SÁT, NỐI, CÂU, CÂ HÁT, THỰC TẾ, TRỌNG LỰC, Ý

30 - Chats

CHUỘT, BÚ, CÁ TINH, SỢI, NHÚT, NHÁT, NHANH, ĐUÔI, VUI TƯƠI, NGỦ

31 - Vêtements

VÒNG TAY, VÒNG CỔ, QUẦN, THỜI TRANG, THẮT LƯNG, TẠP ĐỂ, ÁO SƠ MI, ÁO KHOÁC

32 - Arts Visuels

QUAN ĐIỂM, CỌ VẼ, ĐẤT SÉT, HỘ VẼ, NƯỚC, PHÍA, ĐIÊU, BÚT CHÌ, NGHỆ, PHẤN, KIẾN TRÚC

33 - Méditation

THƯƠNG HẠI, THÓI QUEN, ÂM NHẠC, QUAN SÁT, CHÚ Ý, RỖ RÀNG, THIÊN NHIÊN, TỪ THỂ, IM LẶNG, QUAN ĐIỂM

34 - Littérature

HÀI KỊCH, TIỂU SỬ, BÀI THƠ, VĂN, KIỆN, THƠ, PHONG CÁCH, CHỦ ĐỂ, VIỄN TƯỞNG

35 - Nourriture #1

SỮA, LÊ, CỦ CẢI, QUẾ, PHẦN, TỎI, BÍN, ĐƯỜNG, CÀ RỐT, SALAD

36 - Jours et Mois

THÁNG MỘT, THÁNG 9, THỨ BA, THỨ BẢY, CHỦ NHẬT, THỨ NĂM, THÁNG BẢY, THÁNG SÁU, THÁNG HAI, THÁNG MƯỜI, THÁNG 12, THỨ SÁU

37 - Pirates

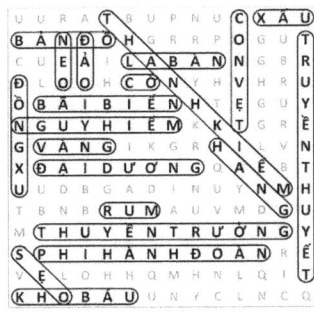

38 - Activités

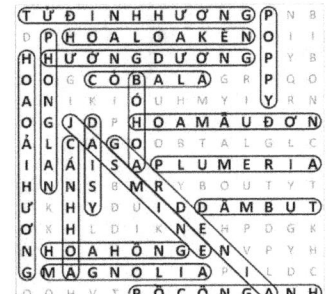

39 - Fleurs

40 - Nourriture #2

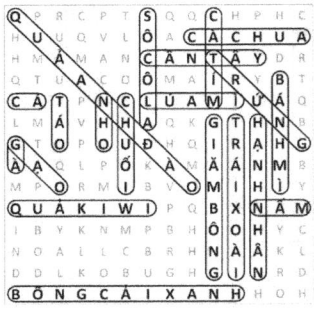

41 - Océan

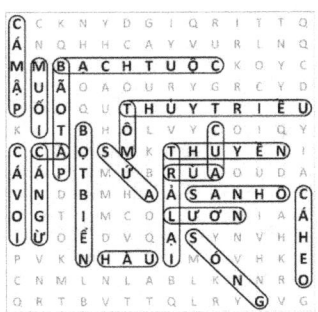

42 - Remplir

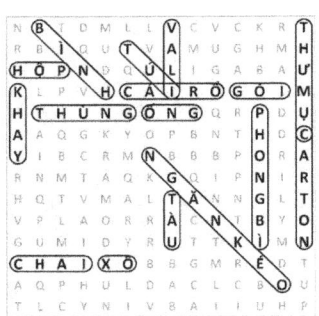

43 - Ballet

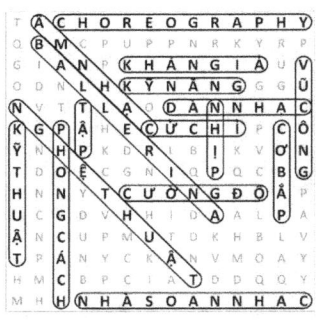

44 - Fruit

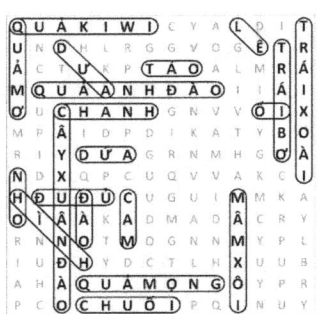

45 - Surf

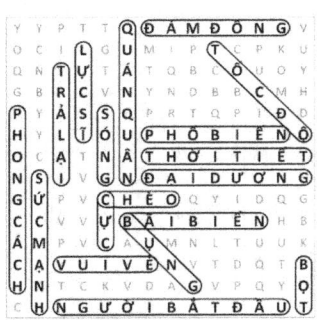

46 - Technologie

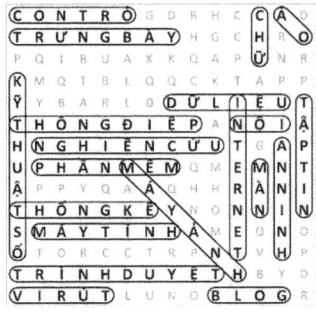

47 - Météo

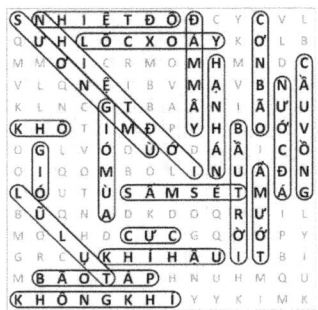

48 - Châteaux

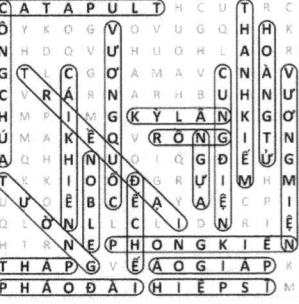

49 - Randonnée

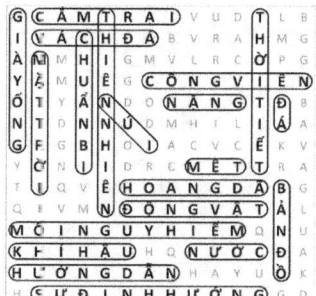

50 - Meubles

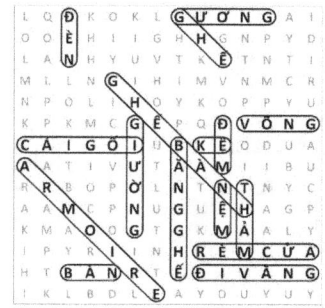

51 - Art

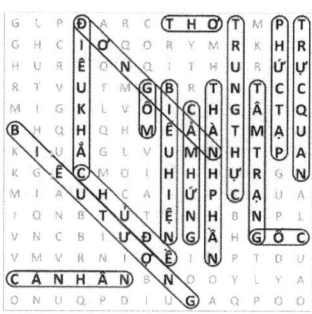

52 - Nutrition

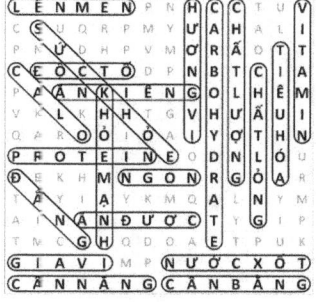

53 - Science Fiction

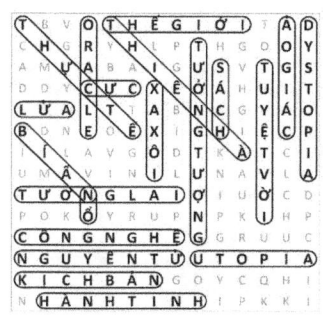

54 - Vertus #1

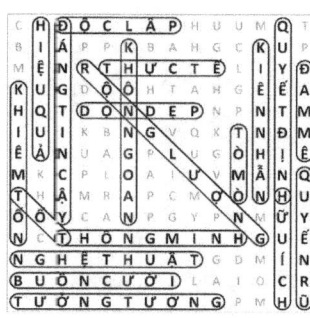

55 - Professions #1

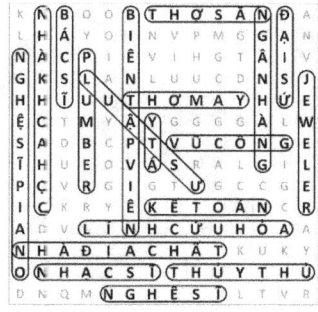

56 - Géologie

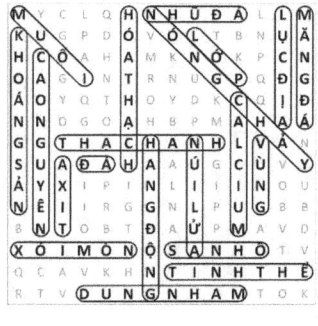

57 - Cirque

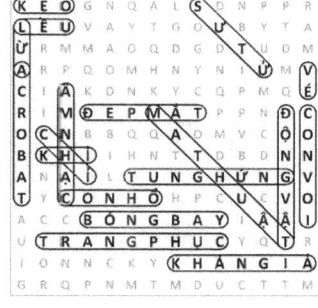

58 - Jardin

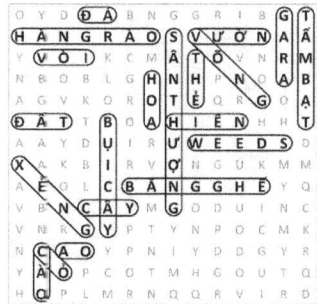

59 - Barbecues

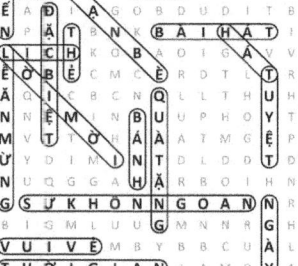

60 - Anniversaire

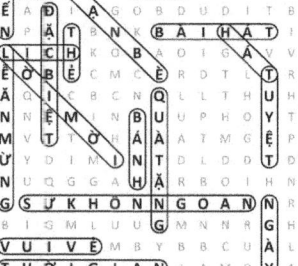

61 - Animaux de Compagnie

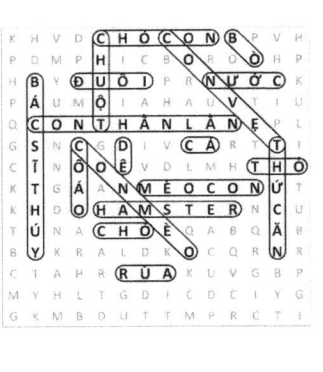

62 - Forêt Tropicale

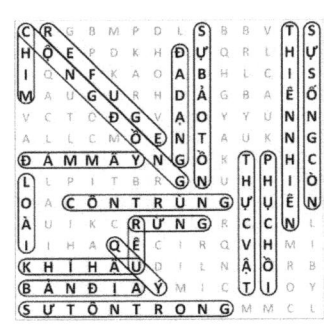

63 - Insectes

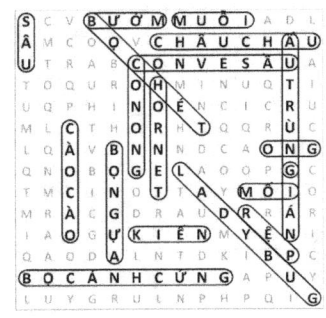

64 - Ferme #1

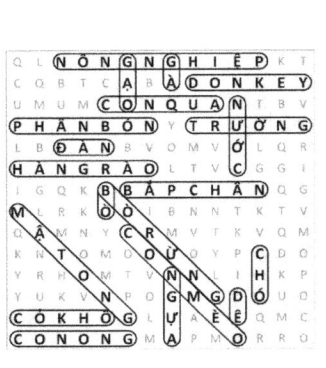

65 - Escalade

66 - École #2

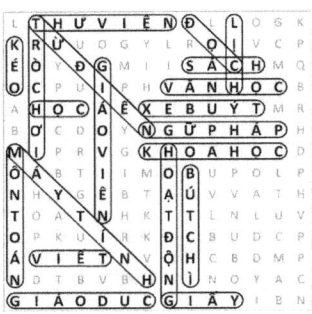

67 - Antarctique

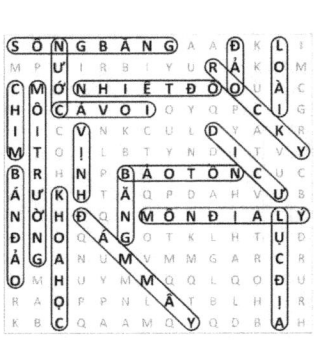

68 - Professions #2

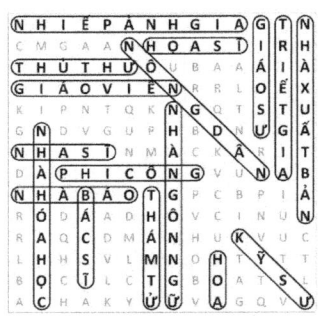

69 - Les Abeilles

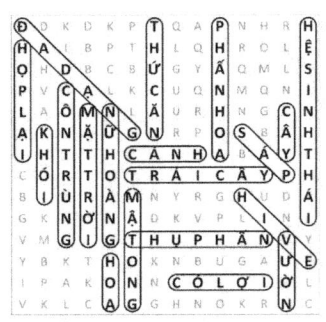

70 - Dinosaures

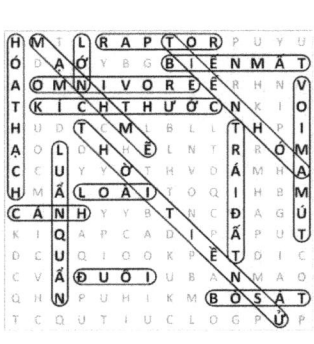

71 - Automne

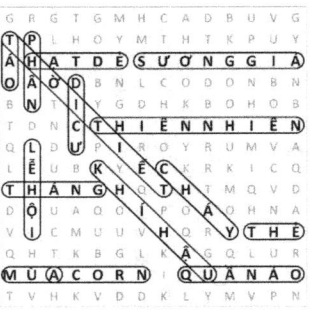

72 - Conduite

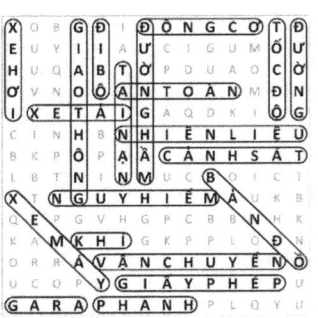

73 - Plantes

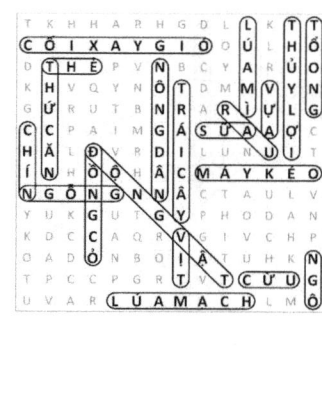

74 - Ferme #2

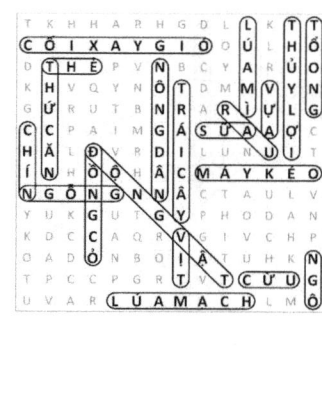

75 - École #1

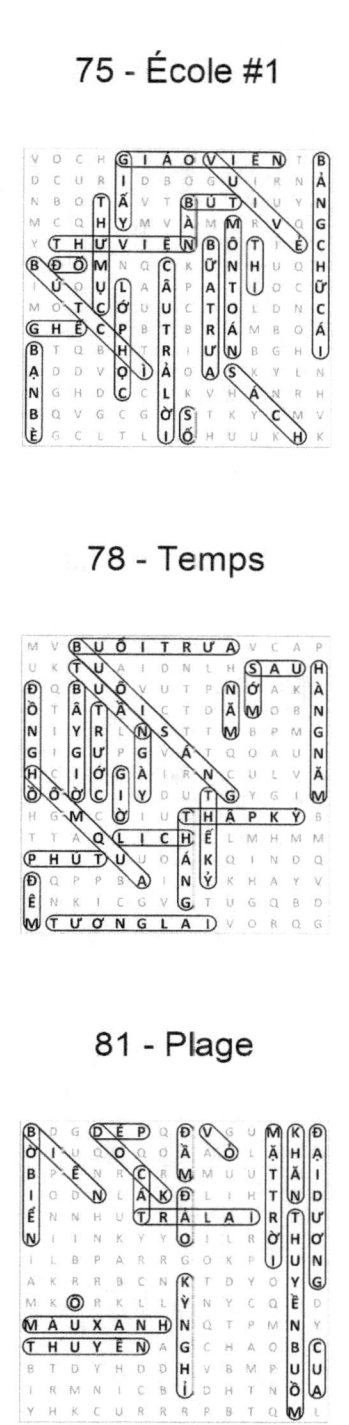

76 - Vacances #2

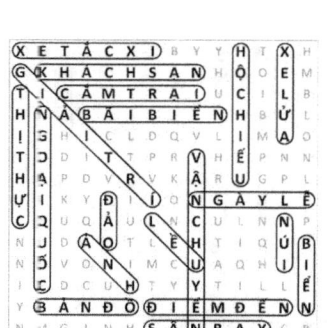

77 - Outils

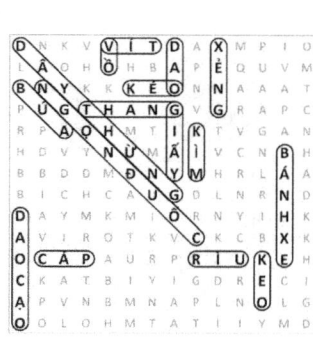

78 - Temps

79 - Maison

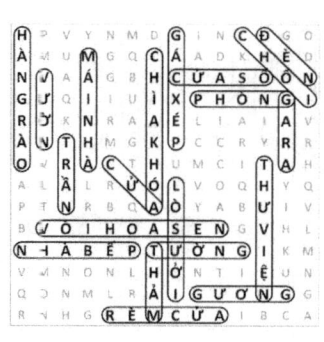

80 - Légumes

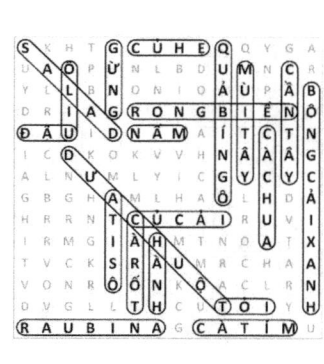

81 - Plage

82 - Famille

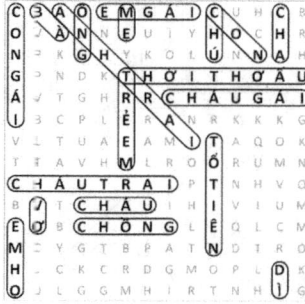

83 - Oiseaux

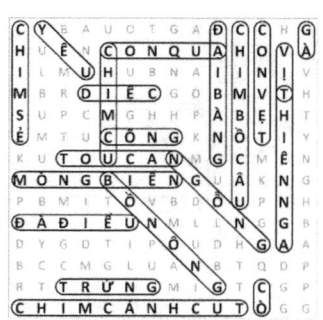

84 - Disciplines Scientifiques

85 - Émotions

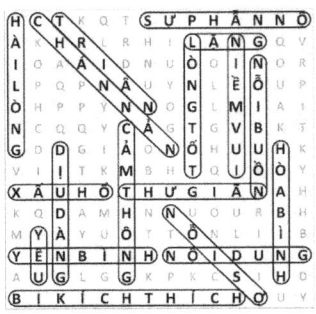

86 - Géographie

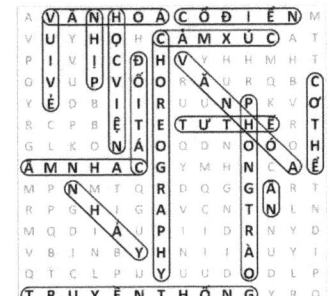

87 - Danse

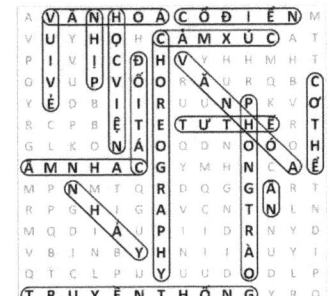

88 - Bâtiments

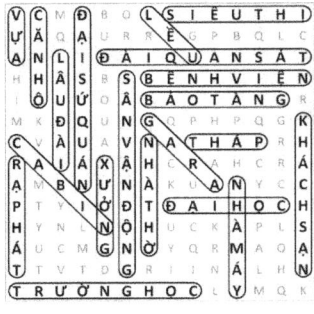

89 - Pêche

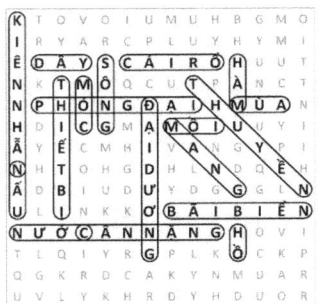

90 - Activités et Loisirs

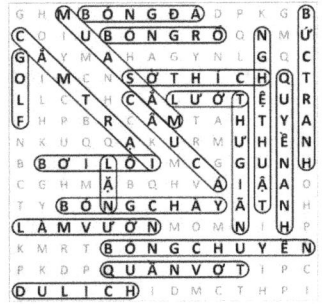

91 - Livres

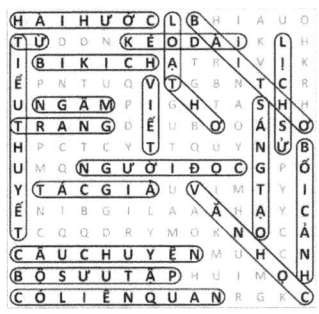

92 - Pays #2

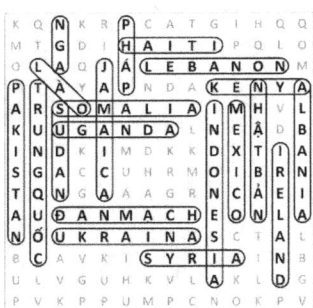

93 - Fournitures d'Art

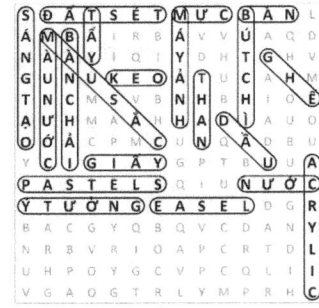

94 - Jouets

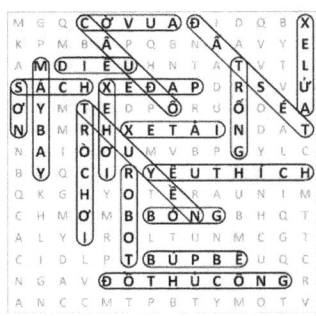

95 - Eau

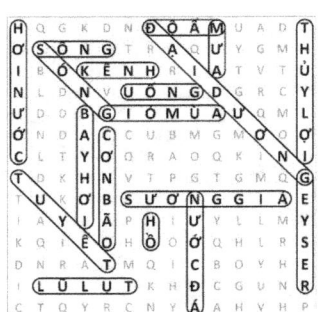

96 - Paysages

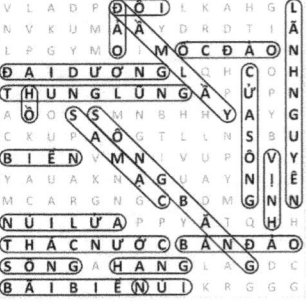

97 - Nombres

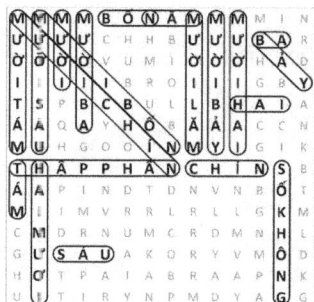

98 - Nature

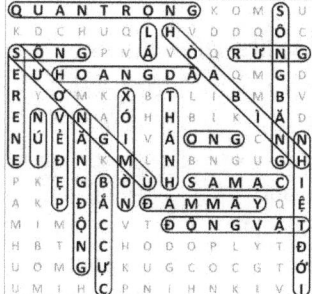

99 - Bateaux

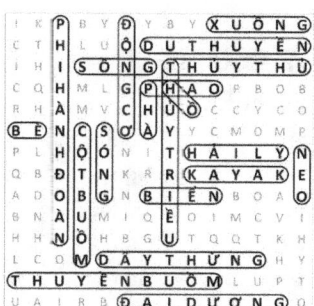

100 - Mesures

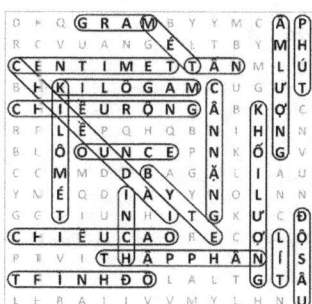

Dictionnaire

Activités
Các Hoạt Động

Activité	Hoạt Động
Art	Nghệ Thuật
Artisanat	Đồ thủ Công
Camping	Cắm Trại
Chasse	Săn Bắn
Compétence	Kỹ Năng
Couture	May
Jardinage	Làm Vườn
Jeux	Trò Chơi
Lecture	Đọc
Loisir	Giải Trí
Magie	Ma Thuật
Peinture	Bức Tranh
Pêche	Câu Cá
Photographie	Nhiếp Ảnh
Plaisir	Hài Lòng
Puzzles	Câu Đố
Relaxation	Thư Giãn
Tricot	Đan

Activités et Loisirs
Và các Hoạt Động Giải Trí

Achats	Mua Sắm
Art	Nghệ Thuật
Base-Ball	Bóng Chày
Basket-Ball	Bóng Rổ
Boxe	Quyền Anh
Camping	Cắm Trại
Football	Bóng Đá
Golf	Golf
Jardinage	Làm Vườn
Nager	Bơi Lội
Passe-Temps	Sở Thích
Peinture	Bức Tranh
Pêche	Câu Cá
Plongée	Lặn
Relaxant	Thư Giãn
Surf	Lướt
Tennis	Quần Vợt
Volley-Ball	Bóng Chuyền
Voyage	Du Lịch

Adjectifs #1
Tính từ số 1

Absolu	Tuyệt Đối
Actif	Hoạt Động
Ambitieux	Đầy Tham Vọng
Aromatique	Thơm
Artistique	Nghệ Thuật
Attractif	Hấp Dẫn
Beau	Đẹp
Exotique	Kỳ Lạ
Énorme	Khổng Lồ
Généreux	Rộng Lượng
Honnête	Trung Thực
Important	Quan Trọng
Innocent	Vô Tội
Jeune	Trẻ
Lent	Chậm
Lourd	Nặng
Mince	Mỏng
Moderne	Hiện Đại
Parfait	Hoàn Hảo
Utile	Hữu Ích

Adjectifs #2
Tính từ số 2

Authentique	Thật
Célèbre	Nổi Danh
Créatif	Sáng Tạo
Descriptif	Mô Tả
Doué	Năng Khiếu
Dramatique	Kịch
Élégant	Thanh Lịch
Fier	Tự Hào
Fort	Mạnh
Intéressant	Thú Vị
Naturel	Tự Nhiên
Nouveau	Mới
Productif	Màu Mỡ
Puissant	Mạnh Mẽ
Pur	Thuần
Sain	Khỏe Mạnh
Salé	Mặn
Sauvage	Hoang Dã
Sec	Khô
Somnolent	Buồn Ngủ

Animaux de Compagnie
Thú Cưng

Chat	Con Mèo
Chaton	Mèo Con
Chèvre	Dê
Chien	Chó
Chiot	Chó Con
Collier	Cổ Áo
Eau	Nước
Hamster	Hamster
Lapin	Thỏ
Lézard	Con Thằn Lằn
Nourriture	Thức Ăn
Perroquet	Con Vẹt
Poisson	Cá
Queue	Đuôi
Souris	Chuột
Tortue	Rùa
Vache	Bò
Vétérinaire	Bác sĩ thú Y

Anniversaire
Ngày Sinh Nhật

Amis	Bạn Bè
Année	Năm
Bougies	Nến
Cadeau	Quà Tặng
Calendrier	Lịch
Cartes	Thẻ
Chanson	Bài Hát
Chanter	Hát
Fête	Lễ ăn Mừng
Gâteau	Bánh
Heureux	Vui Vẻ
Invitations	Lời Mời
Jeune	Trẻ
Jour	Ngày
Sagesse	Sự Khôn Ngoan
Spécial	Đặc Biệt
Super	Tuyệt
Temps	Thời Gian

Antarctique
Nam Cực

Baie	Vịnh
Baleines	Cá Voi
Conservation	Bảo Tồn
Continent	Lục Địa
Eau	Nước
Environnement	Môi Trường
Espèce	Loài
Géographie	Môn địa Lý
Glace	Băng
Glaciers	Sông Băng
Îles	Đảo
Migration	Di Cư
Minéraux	Khoáng Sản
Nuage	Đám Mây
Oiseaux	Chim
Péninsule	Bán Đảo
Rocheux	Rocky
Scientifique	Khoa Học
Température	Nhiệt Độ
Topographie	Địa Hình

Art
Nghệ Thuật

Céramique	Gốm
Complexe	Phức Tạp
Composition	Thành Phần
Expression	Biểu Hiện
Honnête	Trung Thực
Humeur	Tâm Trạng
Inspiré	Cảm Hứng
Original	Gốc
Personnel	Cá Nhân
Poésie	Thơ
Sculpture	Điêu Khắc
Simple	Đơn Giản
Sujet	Chủ Đề
Symbole	Biểu Tượng
Visuel	Trực Quan

Arts Visuels
Nghệ Thuật thị Giác

Architecture	Kiến Trúc
Argile	Đất Sét
Artiste	Nghệ Sĩ
Chef-D'Œuvre	Kiệt Tác
Chevalet	Vẽ
Cire	Sáp
Composition	Thành Phần
Craie	Phấn
Crayon	Bút Chì
Créativité	Sáng Tạo
Film	Phim Ảnh
Peinture	Bức Tranh
Perspective	Quan Điểm
Photographie	Ảnh Chụp
Pochoir	Giấy Nến
Portrait	Chân Dung
Poterie	Đồ Gốm
Sculpture	Điêu Khắc
Stylo	Cái Bút

Astronomie
Thiên văn Học

Astronaute	Phi Hành Gia
Ciel	Bầu Trời
Comète	Sao Chổi
Constellation	Chòm Sao
Cosmos	Vũ Trụ
Éclipse	Nhật Thực
Équinoxe	Phân
Fusée	Tên Lửa
Galaxie	Thiên Hà
Gravité	Trọng Lực
Lune	Mặt Trăng
Météore	Sao Băng
Nébuleuse	Tinh Vân
Observatoire	Đài Quan Sát
Planète	Hành Tinh
Radiation	Bức Xạ
Satellite	Vệ Tinh
Supernova	Siêu tân Tinh
Terre	Trái Đất
Zodiaque	Zodiac

Automne
Mùa Thu

Châtaignes	Hạt Dẻ
Climat	Khí Hậu
Équinoxe	Phân
Festival	Lễ Hội
Feux	Cháy
Gel	Sương Giá
Gland	Acorn
Météo	Thời Tiết
Migration	Di Cư
Mois	Tháng
Nature	Thiên Nhiên
Pommes	Táo
Saisonnier	Mùa
Verger	Thẻ
Vêtements	Quần Áo

Aventure
Cuộc Phiêu Lưu

Activité	Hoạt Động
Amis	Bạn Bè
Beauté	Vẻ Đẹp
Chance	Cơ Hội
Dangereux	Nguy Hiểm
Destination	Điểm Đến
Difficulté	Khó Khăn
Enthousiasme	Hăng Hái
Itinéraire	Hành Trình
Joie	Niềm Vui
Nature	Thiên Nhiên
Navigation	Dẫn Đường
Nouveau	Mới
Préparation	Chuẩn Bị
Sécurité	An Toàn
Voyages	Đi

Avions
Máy Bay

Altitude	Độ Cao
Atmosphère	Không Khí
Atterrissage	Đổ Bộ
Ballon	Bóng
Carburant	Nhiên Liệu
Ciel	Bầu Trời
Construction	Xây Dựng
Descente	Hạ Xuống
Design	Thiết Kế
Direction	Hướng
Équipage	Phi Hành Đoàn
Hauteur	Chiều Cao
Hélices	Cánh Quạt
Histoire	Lịch Sử
Hydrogène	Hydro
Météo	Thời Tiết
Moteur	Động Cơ
Passager	Hành Khách
Pilote	Phi Công
Turbulence	Nhiễu Loạn

Ballet
Vở Ballet

Artistique	Nghệ Thuật
Ballerine	Ballerina
Chorégraphie	Choreography
Compétence	Kỹ Năng
Compositeur	Nhà Soạn Nhạc
Danseurs	Vũ Công
Geste	Cử Chỉ
Intensité	Cường Độ
Muscles	Cơ Bắp
Musique	Âm Nhạc
Orchestre	Dàn Nhạc
Pratique	Tập
Public	Khán Giả
Rythme	Nhịp
Style	Phong Cách
Technique	Kỹ Thuật

Barbecues
Ăn Thịt Nướng

Chaud	Nóng
Couteaux	Dao
Déjeuner	Bữa Trưa
Dîner	Bữa Tối
Enfants	Trẻ Em
Été	Mùa Hè
Faim	Đói
Famille	Gia Đình
Fruit	Trái Cây
Gril	Nướng
Jeux	Trò Chơi
Légumes	Rau
Musique	Âm Nhạc
Oignons	Hành
Poivre	Tiêu
Poulet	Gà
Salades	Salads
Sauce	Nước Xốt
Sel	Muối
Tomates	Cà Chua

Bateaux
Thuyền

Ancre	Neo
Bouée	Phao
Canoë	Xuồng
Corde	Dây Thừng
Équipage	Phi Hành Đoàn
Ferry	Phà
Fleuve	Sông
Kayak	Kayak
Lac	Hồ
Marée	Thủy Triều
Marin	Thủy Thủ
Mât	Cột Buồm
Mer	Biển
Moteur	Động Cơ
Nautique	Hải Lý
Océan	Đại Dương
Radeau	Bè
Vagues	Sóng
Voilier	Thuyền Buồm
Yacht	Du Thuyền

Bâtiments
Các tòa Nhà

Ambassade	Đại sứ Quán
Appartement	Căn Hộ
Atelier	Xưởng
Cabine	Cabin
Cathédrale	Nhà Thờ
Château	Lâu Đài
École	Trường Học
Garage	Ga-Ra
Grange	Vựa
Hôpital	Bệnh Viện
Hôtel	Khách Sạn
Musée	Bảo Tàng
Observatoire	Đài Quan Sát
Stade	Sân vận Động
Supermarché	Siêu Thị
Tente	Lều
Théâtre	Rạp Hát
Tour	Tháp
Université	Đại Học
Usine	Nhà Máy

Camping
Cắm Trại

Animaux	Động Vật
Arbres	Cây
Boussole	La Bàn
Cabine	Cabin
Canoë	Xuồng
Carte	Bản Đồ
Chapeau	Mũ
Chasse	Săn Bắn
Corde	Dây Thừng
Équipement	Thiết Bị
Feu	Lửa
Forêt	Rừng
Hamac	Võng
Insecte	Côn Trùng
Lac	Hồ
Lanterne	Đèn Lồng
Lune	Mặt Trăng
Montagne	Núi
Nature	Thiên Nhiên
Tente	Lều

Chats
Những con Mèo

Chasseur	Thợ Săn
Curieux	Tò Mò
Dormir	Ngủ
Drôle	Buồn Cười
Espiègle	Vui Tươi
Fil	Sợi
Fou	Điên
Indépendant	Độc Lập
Patte	Chân
Personnalité	Cá Tính
Peu	Ít
Queue	Đuôi
Rapide	Nhanh
Sauvage	Hoang Dã
Souris	Chuột
Timide	Nhút Nhát

Châteaux
Lâu Đài

Armure	Áo Giáp
Bouclier	Cái Khiên
Catapulte	Catapult
Cheval	Ngựa
Chevalier	Hiệp Sĩ
Couronne	Vương Miện
Dragon	Rồng
Dynastie	Triều Đại
Empire	Đế Chế
Épée	Thanh Kiếm
Féodal	Phong Kiến
Forteresse	Pháo Đài
Licorne	Kỳ Lân
Mur	Tường
Noble	Noble
Palais	Cung Điện
Prince	Hoàng Tử
Princesse	Công Chúa
Royaume	Vương Quốc
Tour	Tháp

Chocolat
Sô-Cô-La

Amer	Đắng
Antioxydant	Antioxidant
Arôme	Thơm
Bonbon	Kẹo
Cacahuètes	Đậu Phộng
Cacao	Cacao
Calories	Calo
Caramel	Caramel
Délicieux	Ngon
Doux	Ngọt
Exotique	Kỳ Lạ
Favori	Yêu Thích
Goût	Vị
Ingrédient	Thành Phần
Noix de Coco	Dừa
Poudre	Bột
Qualité	Chất Lượng
Recette	Công Thức
Saveur	Hương Vị
Sucre	Đường

Cirque
Rạp Xiếc

Acrobate	Acrobat
Animaux	Động Vật
Astuce	Lừa
Ballons	Bóng Bay
Billet	Vé
Bonbon	Kẹo
Costume	Trang Phục
Éléphant	Con Voi
Jongleur	Tung Hứng
Lion	Sư Tử
Magie	Ma Thuật
Montrer	Chỉ
Musique	Âm Nhạc
Singe	Khỉ
Spectaculaire	Đẹp Mắt
Spectateur	Khán Giả
Tente	Lều
Tigre	Con Hổ

Conduite
Điều Khiển

Accident	Tai Nạn
Camion	Xe Tải
Carburant	Nhiên Liệu
Carte	Bản Đồ
Danger	Nguy Hiểm
Freins	Phanh
Garage	Ga-Ra
Gaz	Khí
Licence	Giấy Phép
Moteur	Động Cơ
Moto	Xe Máy
Piéton	Đi Bộ
Police	Cảnh Sát
Route	Đường
Sécurité	An Toàn
Trafic	Giao Thông
Transport	Vận Chuyển
Tunnel	Đường Hầm
Vitesse	Tốc Độ
Voiture	Xe Hơi

Conservation
Bảo Tồn

Bénévole	Tình Nguyện
Changements	Thay Đổi
Climat	Khí Hậu
Cycle	Xe Đạp
Durable	Bền Vững
Eau	Nước
Environnemental	Môi Trường
Écosystème	Hệ Sinh Thái
Éducation	Giáo Dục
Naturel	Tự Nhiên
Organique	Hữu Cơ
Pesticide	Thuốc trừ Sâu
Pollution	Ô Nhiễm
Recycler	Tái Chế
Réduire	Giảm
Santé	Sức Khỏe
Vert	Xanh

Corps Humain
Cơ thể con Người

Bouche	Miệng
Cerveau	Óc
Cheville	Mắt Cá
Cou	Cổ
Coude	Khuỷu Tay
Cœur	Tim
Doigt	Ngón Tay
Estomac	Bụng
Épaule	Vai
Genou	Đầu Gối
Lèvres	Đôi Môi
Main	Tay
Mâchoire	Hàm
Menton	Cằm
Nez	Mũi
Oreille	Tai
Peau	Da
Sang	Máu
Tête	Đầu
Visage	Đối Mặt

Couleurs
Màu Sắc

Azur	Azure
Beige	Màu Be
Blanc	Trắng
Bleu	Màu Xanh
Fuchsia	Fuchsia
Gris	Xám
Indigo	Chàm
Jaune	Màu Vàng
Magenta	Magenta
Marron	Màu Nâu
Noir	Đen
Orange	Cam
Rose	Hồng
Rouge	Đỏ
Sépia	Nâu Đỏ
Vert	Xanh
Violet	Màu Tím

Cuisine
Phòng Bếp

Baguettes	Đũa
Bol	Bát
Bouilloire	Ấm
Couteaux	Dao
Cruche	Bình
Cuillères	Thìa
Épices	Gia Vị
Éponge	Bọt Biển
Four	Lò
Fourchettes	Forks
Gril	Nướng
Nourriture	Thức Ăn
Recette	Công Thức
Réfrigérateur	Tủ Lạnh
Serviette	Khăn Ăn
Tablier	Tạp Dề
Tasses	Ly

Danse
Nhảy

Académie	Học Viện
Art	Nghệ Thuật
Chorégraphie	Choreography
Classique	Cổ Điển
Corps	Cơ Thể
Culture	Văn Hoá
Culturel	Văn Hóa
Émotion	Cảm Xúc
Grâce	Ân
Joyeux	Vui Vẻ
Mouvement	Phong Trào
Musique	Âm Nhạc
Partenaire	Đối Tác
Posture	Tư Thế
Rythme	Nhịp
Saut	Nhảy
Traditionnel	Truyền Thống
Visuel	Trực Quan

Dinosaures
Loài Khủng Long

Ailes	Cánh
Disparition	Biến Mất
Espèce	Loài
Évolution	Tiến Hóa
Fossiles	Hóa Thạch
Grand	Lớn
Mammouth	Voi ma Mút
Omnivore	Omnivore
Préhistorique	Thời Tiền Sử
Puissant	Mạnh Mẽ
Queue	Đuôi
Rapace	Raptor
Reptile	Bò Sát
Taille	Kích Thước
Terre	Trái Đất
Vicieux	Luẩn Quẩn

Disciplines Scientifiques
Các Ngành Khoa Học

Anatomie	Giải Phẫu Học
Archéologie	Khảo cổ Học
Astronomie	Thiên văn Học
Biochimie	Hóa Sinh
Biologie	Sinh Học
Botanique	Thực vật Học
Chimie	Hóa Học
Écologie	Sinh Thái
Géologie	Địa Chất Học
Immunologie	Miễn Dịch
Linguistique	Ngôn Ngữ
Mécanique	Cơ Khí
Météorologie	Khí Tượng Học
Minéralogie	Khoáng
Neurologie	Thần Kinh
Physiologie	Sinh lý Học
Psychologie	Tâm Lý
Robotique	Robotics
Sociologie	Xã hội Học
Zoologie	Động vật Học

Eau
Nước

Canal	Kênh
Douche	Vòi hoa Sen
Évaporation	Bay Hơi
Fleuve	Sông
Gel	Sương Giá
Geyser	Geyser
Glace	Nước Đá
Humidité	Độ Ẩm
Inondation	Lũ Lụt
Irrigation	Thủy Lợi
Lac	Hồ
Mousson	Gió Mùa
Neige	Tuyết
Océan	Đại Dương
Ouragan	Cơn Bão
Pluie	Mưa
Potable	Uống
Vagues	Sóng
Vapeur	Hơi Nước

Escalade
Leo

Altitude	Độ Cao
Atmosphère	Không Khí
Blessure	Chấn Thương
Bottes	Giày Ống
Carte	Bản Đồ
Casque	Mũ bảo Hiểm
Curiosité	Sự tò Mò
Expert	Chuyên Gia
Étroit	Hẹp
Force	Sức Mạnh
Formation	Đào Tạo
Gants	Găng Tay
Grotte	Hang
Guides	Hướng Dẫn
Physique	Vật Lý
Stabilité	Ổn Định

Échecs
Cờ Vua

Adversaire	Đối Thủ
Blanc	Trắng
Champion	Quán Quân
Concours	Cuộc Thi
Diagonal	Đường Chéo
Intelligent	Thông Minh
Jeu	Trò Chơi
Joueur	Người Chơi
Noir	Đen
Passif	Thụ Động
Points	Điểm
Reine	Nữ Hoàng
Règles	Quy Tắc
Roi	Vua
Sacrifice	Hy Sinh
Stratégie	Chiến Lược
Temps	Thời Gian
Tournoi	Giải Đấu

École #1
Trường học số 1

Alphabet	Bảng chữ Cái
Amis	Bạn Bè
Amusement	Vui Vẻ
Bibliothèque	Thư Viện
Bureau	Bàn
Chaise	Ghế
Crayon	Bút Chì
Des Stylos	Bút
Déjeuner	Bữa Trưa
Dossiers	Thư Mục
Enseignant	Giáo Viên
Examens	Thi
Livres	Sách
Math	Môn Toán
Nombres	Số
Papier	Giấy
Quiz	Đố
Réponses	Câu trả Lời
Salle de Classe	Lớp Học

École #2
Trường học số 2

Activités	Hoạt Động
Apprentissage	Học
Bibliothèque	Thư Viện
Bus	Xe Buýt
Calendrier	Lịch
Ciseaux	Kéo
Crayon	Bút Chì
Dictionnaire	Từ Điển
Enseignant	Giáo Viên
Écriture	Viết
Éducation	Giáo Dục
Grammaire	Ngữ Pháp
Jeux	Trò Chơi
Lecture	Đọc
Littérature	Văn Học
Livres	Sách
Math	Môn Toán
Ordinateur	Máy Tính
Papier	Giấy
Science	Khoa Học

Écologie
Sinh Thái Học

Climat	Khí Hậu
Communautés	Cộng Đồng
Diversité	Đa Dạng
Durable	Bền Vững
Espèce	Loài
Faune	Động Vật
Flore	Flora
Global	Toàn Cầu
Marais	Marsh
Marin	Biển
Montagnes	Núi
Nature	Thiên Nhiên
Naturel	Tự Nhiên
Plantes	Cây
Ressources	Tài Nguyên
Sécheresse	Hạn Hán
Survie	Sự Sống Còn
Végétation	Thực Vật

Émotions
Những cảm Xúc

Amour	Yêu
Calme	Lặng
Colère	Sự Phẫn Nộ
Contenu	Nội Dung
Détendu	Thư Giãn
Embarrassé	Xấu Hổ
Ennui	Chán Nản
Excité	Bị Kích Thích
Gentillesse	Lòng Tốt
Joie	Niềm Vui
Paix	Hòa Bình
Peur	Nỗi Sợ
Reconnaissant	Tri Ân
Satisfait	Hài Lòng
Sympathie	Cảm Thông
Tendresse	Dịu Dàng
Tranquillité	Yên Bình
Tristesse	Nỗi Buồn

Épices
Gia Vị

Aigre	Chua
Ail	Tỏi
Amer	Đắng
Anis	Cây Hồi
Cannelle	Quế
Cardamome	Thảo Quả
Coriandre	Rau Mùi
Cumin	Cây thì Là
Curry	Cà Ri
Fenouil	Thì Là
Gingembre	Gừng
Muscade	Nhục đậu Khấu
Oignon	Hành
Paprika	Ớt cựa Gà
Poivre	Tiêu
Réglisse	Cam Thảo
Safran	Nghệ Tây
Saveur	Hương Vị
Sel	Muối
Vanille	Vani

Été
Mùa Hè

Amis	Bạn Bè
Camping	Cắm Trại
Étoiles	Sao
Famille	Gia Đình
Jardin	Vườn
Jeux	Trò Chơi
Joie	Niềm Vui
Livres	Sách
Loisir	Giải Trí
Mer	Biển
Musique	Âm Nhạc
Nourriture	Thức Ăn
Plage	Bãi Biển
Plongée	Lặn
Relaxation	Thư Giãn
Sandales	Dép
Vacances	Kỳ Nghỉ
Voyage	Du Lịch

Famille
Gia Đình

Ancêtre	Tổ Tiên
Cousin	Em Họ
Enfance	Thời thơ Ấu
Enfant	Con
Enfants	Trẻ Em
Femme	Vợ
Fille	Con Gái
Frère	Anh Trai
Grand-Mère	Bà
Grand-Père	Ông
Mari	Chồng
Mère	Mẹ
Neveu	Cháu
Nièce	Cháu Gái
Oncle	Chú
Petit-Fils	Cháu Trai
Père	Cha
Soeur	Em Gái
Tante	Dì

Ferme #1
Trang Trại số 1

Abeille	Con Ong
Agriculture	Nông Nghiệp
Âne	Donkey
Bison	Bò Rừng
Champ	Trường
Chat	Con Mèo
Cheval	Ngựa
Chèvre	Dê
Chien	Chó
Clôture	Hàng Rào
Corbeau	Con Quạ
Eau	Nước
Engrais	Phân Bón
Foin	Cỏ Khô
Miel	Mật Ong
Poulet	Gà
Riz	Gạo
Troupeau	Đàn
Vache	Bò
Veau	Bắp Chân

Ferme #2
Trang Trại số 2

Agriculteur	Nông Dân
Animaux	Động Vật
Blé	Lúa Mì
Canard	Vịt
Fruit	Trái Cây
Grange	Vựa
Irrigation	Thủy Lợi
Lait	Sữa
Légume	Rau
Maïs	Ngô
Moulin à Vent	Cối xay Gió
Mouton	Cừu
Mûr	Chín
Nourriture	Thức Ăn
Oies	Ngỗng
Orge	Lúa Mạch
Pré	Đồng Cỏ
Ruche	Tổ Ong
Tracteur	Máy Kéo
Verger	Thẻ

Fleurs
Những Bông Hoa

Bouquet	Bó Hoa
Gardénia	Gardenia
Hibiscus	Dâm Bụt
Jasmin	Jasmine
Lavande	Hoa oải Hương
Lilas	Tử Đinh Hương
Lys	Hoa loa Kèn
Magnolia	Magnolia
Marguerite	Daisy
Orchidée	Phong Lan
Pavot	Poppy
Pétale	Cánh Hoa
Pissenlit	Bồ Công Anh
Pivoine	Hoa mẫu Đơn
Plumeria	Plumeria
Rose	Hoa Hồng
Tournesol	Hướng Dương
Trèfle	Cỏ ba Lá
Tulipe	Lời Khuyên

Forêt Tropicale
Rừng mưa Nhiệt Đới

Botanique	Thực Vật
Climat	Khí Hậu
Communauté	Cộng Đồng
Diversité	Đa Dạng
Espèce	Loài
Indigène	Bản Địa
Insectes	Côn Trùng
Jungle	Rừng
Mousse	Rêu
Nature	Thiên Nhiên
Nuage	Đám Mây
Oiseaux	Chim
Précieux	Quý
Préservation	Sự bảo Tồn
Refuge	Refuge
Respect	Sự tôn Trọng
Restauration	Phục Hồi
Survie	Sự Sống Còn

Formes
Hình Dạng

Arc	Cung
Bords	Cạnh
Carré	Quảng Trường
Cercle	Vòng Tròn
Coin	Góc
Courbe	Đường Cong
Cône	Nón
Côté	Bên
Cylindre	Hình Trụ
Ellipse	Ellipse
Hyperbole	Hyperbola
Ligne	Hàng
Polygone	Đa Giác
Prisme	Lăng
Pyramide	Kim tự Tháp
Rectangle	Hình chữ Nhật
Rond	Vòng
Sphère	Cầu
Triangle	Tam Giác

Fournitures d'Art
Đồ Dùng Nghệ Thuật

Acrylique	Acrylic
Aquarelles	Màu Nước
Argile	Đất Sét
Brosses	Bàn Chải
Caméra	Máy Ảnh
Chaise	Ghế
Charbon	Than
Chevalet	Easel
Colle	Keo
Couleurs	Màu Sắc
Crayons	Bút Chì
Créativité	Sáng Tạo
Eau	Nước
Encre	Mực
Gomme	Tẩy
Huile	Dầu
Idées	Ý Tưởng
Papier	Giấy
Pastels	Pastels
Table	Bàn

Fruit
Trái Cây

Abricot	Quả Mơ
Ananas	Dứa
Avocat	Trái Bơ
Baie	Quả Mọng
Banane	Chuối
Cerise	Quả anh Đào
Citron	Chanh
Figue	Hình
Framboise	Mâm Xôi
Goyave	Ổi
Kiwi	Quả Kiwi
Mangue	Trái Xoài
Melon	Dưa
Nectarine	Cây Xuân Đào
Orange	Cam
Papaye	Đu Đủ
Pêche	Đào
Poire	Lê
Pomme	Táo
Raisin	Nho

Géographie
Môn địa Lý

Altitude	Độ Cao
Atlas	Atlas
Carte	Bản Đồ
Continent	Lục Địa
Fleuve	Sông
Hémisphère	Bán Cầu
Île	Đảo
Latitude	Vĩ Độ
Mer	Biển
Méridien	Kinh Tuyến
Monde	Thế Giới
Montagne	Núi
Nord	Bắc
Océan	Đại Dương
Ouest	Hướng Tây
Pays	Quốc Gia
Région	Khu Vực
Sud	Phía Nam
Territoire	Lãnh Thổ
Ville	Thành Phố

Géologie
Địa Chất Học

Acide	Axit
Calcium	Calcium
Caverne	Hang Động
Continent	Lục Địa
Corail	San Hô
Couche	Lớp
Cristaux	Tinh Thể
Érosion	Xói Mòn
Fondu	Nóng Chảy
Fossile	Hóa Thạch
Lave	Dung Nham
Minéraux	Khoáng Sản
Pierre	Đá
Plateau	Cao Nguyên
Quartz	Thạch Anh
Sel	Muối
Stalactite	Nhũ Đá
Stalagmites	Măng Đá
Volcan	Núi Lửa
Zone	Vùng

Herboristerie
Chủ Nghĩa Thảo Dược

Ail	Tỏi
Aromatique	Thơm
Basilic	Húng Quế
Bénéfique	Có Lợi
Culinaire	Ẩm Thực
Estragon	Giấm
Fenouil	Thì Là
Fleur	Hoa
Ingrédient	Thành Phần
Jardin	Vườn
Lavande	Hoa oải Hương
Marjolaine	Lá Kinh Giới
Menthe	Bạc Hà
Persil	Mùi Tây
Qualité	Chất Lượng
Romarin	Rosemary
Safran	Nghệ Tây
Saveur	Hương Vị
Thym	Xạ Hương
Vert	Xanh

Insectes
Côn Trùng

Abeille	Con Ong
Cafard	Gián
Cigale	Con ve Sầu
Coccinelle	Ladybug
Criquet	Cào Cào
Fourmi	Kiến
Frelon	Hornet
Guêpe	Ong
Larve	Ấu Trùng
Mante	Bọ Ngựa
Moustique	Muỗi
Papillon	Bướm
Puce	Bọ Chét
Puceron	Rệp
Sauterelle	Châu Chấu
Scarabée	Bọ Cánh Cứng
Termite	Mối
Ver	Sâu

Instruments de Musique
Nhạc Cụ

Banjo	Bass
Basson	Dàn Nhạc
Carillons	Chuông
Clarinette	Clarinet
Flûte	Sáo
Gong	Chiêng
Guitare	Đàn ghi Ta
Harmonica	Harmonica
Harpe	Đàn Hạc
Mandoline	Mandolin
Marimba	Marimba
Percussion	Gõ
Piano	Dương Cầm
Saxophone	Saxophone
Tambour	Trống
Tambourin	Lục Lạc
Trombone	Trombone
Trompette	Kèn
Violon	Đàn vi ô Lông
Violoncelle	Cello

Jardin
Khu Vườn

Arbre	Cây
Banc	Băng Ghế
Buisson	Bụi Cây
Clôture	Hàng Rào
Étang	Ao
Fleur	Hoa
Garage	Ga-Ra
Hamac	Võng
Herbe	Cỏ
Jardin	Vườn
Mauvaises Herbes	Weeds
Pelle	Xẻng
Porche	Hiên
Râteau	Cào
Roches	Đá
Sol	Đất
Terrasse	Sân Thượng
Trampoline	Tấm Bạt
Tuyau	Vòi
Verger	Thẻ

Jouets
Đồ Chơi

Argile	Đất Sét
Artisanat	Đồ thủ Công
Avion	Máy Bay
Balle	Bóng
Bateau	Thuyền
Camion	Xe Tải
Cerf-Volant	Diều
Échecs	Cờ Vua
Favori	Yêu Thích
Jeux	Trò Chơi
Livres	Sách
Peinture	Sơn
Poupée	Búp Bê
Puzzle	Câu Đố
Robot	Robot
Tambours	Trống
Train	Xe Lửa
Vélo	Xe Đạp
Voiture	Xe Hơi

Jours et Mois
Ngày và Tháng

Année	Năm
Août	Ngày
Avril	Tháng Tư
Calendrier	Lịch
Décembre	Tháng 12
Dimanche	Chủ Nhật
Février	Tháng Hai
Janvier	Tháng Một
Jeudi	Thứ Năm
Juillet	Tháng Bảy
Juin	Tháng Sáu
Lundi	Thứ Hai
Mardi	Thứ Ba
Mercredi	Thứ Tư
Mois	Tháng
Octobre	Tháng Mười
Samedi	Thứ Bảy
Semaine	Tuần
Septembre	Tháng 9
Vendredi	Thứ Sáu

Les Abeilles
Những con Ong

Ailes	Cánh
Bénéfique	Có Lợi
Cire	Sáp
Diversité	Đa Dạng
Essaim	Họp Lại
Écosystème	Hệ Sinh Thái
Fleurs	Hoa
Fruit	Trái Cây
Fumée	Khói
Insecte	Côn Trùng
Jardin	Vườn
Miel	Mật Ong
Nourriture	Thức Ăn
Plantes	Cây
Pollen	Phấn Hoa
Pollinisateur	Thụ Phấn
Reine	Nữ Hoàng
Ruche	Hive
Soleil	Mặt Trời

Légumes
Rau Củ

Ail	Tỏi
Algue	Rong Biển
Artichaut	Atisô
Aubergine	Cà Tím
Brocoli	Bông cải Xanh
Carotte	Cà Rốt
Céleri	Cần Tây
Champignon	Nấm
Citrouille	Quả bí Ngô
Concombre	Dưa Chuột
Échalote	Củ Hẹ
Épinard	Rau Bina
Gingembre	Gừng
Navet	Củ Cải
Oignon	Hành
Olive	Ô Liu
Persil	Mùi Tây
Pois	Đậu
Salade	Salad
Tomate	Cà Chua

Littérature
Văn Học

Analogie	Tương Tự
Analyse	Phân Tích
Anecdote	Giai Thoại
Auteur	Tác Giả
Biographie	Tiểu Sử
Comparaison	So Sánh
Conclusion	Phần kết Luận
Description	Sự Miêu Tả
Dialogue	Hội Thoại
Fiction	Viễn Tưởng
Métaphore	Ẩn Dụ
Opinion	Ý Kiến
Poème	Bài Thơ
Poétique	Thơ
Rime	Vần
Roman	Tiểu Thuyết
Rythme	Nhịp
Style	Phong Cách
Thème	Chủ Đề
Tragédie	Bi Kịch

Livres
Sách

Auteur	Tác Giả
Collection	Bộ sưu Tập
Contexte	Bối Cảnh
Dualité	Kéo Dài
Écrit	Viết
Histoire	Câu Chuyện
Historique	Lịch Sử
Humoristique	Hài Hước
Immersion	Ngâm
Inventif	Sáng Tạo
Lecteur	Người Đọc
Littéraire	Văn Học
Mots	Từ
Page	Trang
Pertinent	Có Liên Quan
Poème	Bài Thơ
Poésie	Thơ
Roman	Tiểu Thuyết
Série	Loạt
Tragique	Bi Kịch

Maison
Nhà Ở

Balai	Chổi
Bibliothèque	Thư Viện
Chambre	Phòng
Cheminée	Lò Sưởi
Clés	Chìa Khóa
Clôture	Hàng Rào
Cuisine	Nhà Bếp
Douche	Vòi hoa Sen
Fenêtre	Cửa Sổ
Garage	Ga-Ra
Grenier	Gác Xép
Jardin	Vườn
Lampe	Đèn
Miroir	Gương
Mur	Tường
Plafond	Trần
Porte	Cửa
Rideaux	Rèm Cửa
Tapis	Thảm
Toit	Mái Nhà

Mammifères
Động vật có Vú

Baleine	Cá Voi
Chat	Con Mèo
Cheval	Ngựa
Chien	Chó
Coyote	Coyote
Dauphin	Cá Heo
Éléphant	Con Voi
Girafe	Hươu cao Cổ
Gorille	Khỉ Đột
Kangourou	Kangaroo
Lapin	Thỏ
Lion	Sư Tử
Loup	Chó Sói
Mouton	Cừu
Ours	Gấu
Renard	Cáo
Singe	Khỉ
Taureau	Bò Đực
Tigre	Con Hổ
Zèbre	Ngựa Vằn

Mathématiques
Toán Học

Angles	Góc
Arithmétique	Số Học
Carré	Quảng Trường
Décimal	Thập Phân
Diamètre	Đường Kính
Exposant	Mũ
Équation	Phương Trình
Fraction	Phân Số
Géométrie	Hình Học
Parallèle	Song Song
Perpendiculaire	Vuông Góc
Périmètre	Chu Vi
Polygone	Đa Giác
Rayon	Bán Kính
Rectangle	Hình chữ Nhật
Somme	Tổng
Sphère	Cầu
Symétrie	Đối Xứng
Triangle	Tam Giác
Volume	Âm Lượng

Mesures
Các Phép Đo

Centimètre	Centimet
Degré	Trình Độ
Décimal	Thập Phân
Gramme	Gram
Hauteur	Chiều Cao
Kilogramme	Kilôgam
Kilomètre	Kilômét
Largeur	Chiều Rộng
Litre	Lít
Longueur	Chiều Dài
Masse	Khối Lượng
Mètre	Mét
Minute	Phút
Octet	Byte
Once	Ounce
Poids	Cân Nặng
Pouce	Inch
Profondeur	Độ Sâu
Tonne	Tấn
Volume	Âm Lượng

Meubles
Đồ nội Thất

Armoire	Armoire
Banc	Băng Ghế
Bureau	Bàn
Canapé	Đi Văng
Chaise	Ghế
Coussins	Đệm
Étagères	Kệ
Fauteuil	Ghế Bành
Hamac	Võng
Lampe	Đèn
Lit	Giường
Matelas	Nệm
Miroir	Gương
Oreiller	Cái Gối
Rideaux	Rèm Cửa
Tapis	Thảm

Méditation
Thiền

Acceptation	Chấp Nhận
Attention	Chú Ý
Calme	Lặng
Clarté	Rõ Ràng
Compassion	Thương Hại
Esprit	Lí Trí
Émotions	Cảm Xúc
Gentillesse	Lòng Tốt
Gratitude	Lòng Biết Ơn
Habitudes	Thói Quen
Mental	Tâm Thần
Mouvement	Phong Trào
Musique	Âm Nhạc
Nature	Thiên Nhiên
Observation	Quan Sát
Paix	Hòa Bình
Perspective	Quan Điểm
Posture	Tư Thế
Respiration	Thở
Silence	Im Lặng

Météo
Thời Tiết

Arc-En-Ciel	Cầu Vồng
Atmosphère	Không Khí
Brouillard	Sương Mù
Ciel	Bầu Trời
Climat	Khí Hậu
Glace	Nước Đá
Humide	Ẩm Ướt
Inondation	Lũ Lụt
Mousson	Gió Mùa
Nuage	Đám Mây
Ouragan	Cơn Bão
Polaire	Cực
Sec	Khô
Sécheresse	Hạn Hán
Température	Nhiệt Độ
Tempête	Bão Táp
Tonnerre	Sấm Sét
Tornade	Lốc Xoáy
Tropical	Nhiệt Đới
Vent	Gió

Mythologie
Thần Thoại

Archétype	Nguyên Mẫu
Catastrophe	Thảm Họa
Comportement	Hành Vi
Création	Sáng Tạo
Créature	Sinh Vật
Croyances	Niềm Tin
Culture	Văn Hoá
Éclair	Sét
Force	Sức Mạnh
Guerrier	Chiến Binh
Héros	Anh Hùng
Immortalité	Sự bất Tử
Jalousie	Ghen
Labyrinthe	Mê Cung
Légende	Truyền Thuyết
Magique	Huyền Diệu
Monstre	Quái Vật
Mortel	Có Chết
Tonnerre	Sấm
Vengeance	Trả Thù

Nature
Thiên Nhiên

Abeilles	Ong
Animaux	Động Vật
Arctique	Bắc Cực
Beauté	Vẻ Đẹp
Brouillard	Sương Mù
Désert	Sa Mạc
Dynamique	Năng Động
Érosion	Xói Mòn
Feuillage	Lá
Fleuve	Sông
Forêt	Rừng
Glacier	Sông Băng
Montagnes	Núi
Nuage	Đám Mây
Paisible	Hòa Bình
Sanctuaire	Thánh
Sauvage	Hoang Dã
Serein	Serene
Tropical	Nhiệt Đới
Vital	Quan Trọng

Nombres
Con Số

Cinq	Năm
Deux	Hai
Décimal	Thập Phân
Dix	Mười
Dix-Huit	Mười Tám
Dix-Neuf	Mười Chín
Dix-Sept	Mười Bảy
Douze	Mười Hai
Huit	Tám
Neuf	Chín
Quatorze	Mười Bốn
Quatre	Bốn
Quinze	Mười Lăm
Seize	Mười Sáu
Sept	Bảy
Six	Sáu
Treize	Mười Ba
Trois	Ba
Vingt	Hai Mươi
Zéro	Số Không

Nourriture #1
Thực Phẩm #1

Ail	Tỏi
Basilic	Húng Quế
Café	Cà Phê
Cannelle	Quế
Carotte	Cà Rốt
Citron	Chanh
Épinard	Rau Bina
Fraise	Dâu Tây
Jus	Nước Ép
Lait	Sữa
Navet	Củ Cải
Oignon	Hành
Orge	Lúa Mạch
Poire	Lê
Salade	Salad
Sel	Muối
Soupe	Súp
Sucre	Đường
Thon	Cá Ngừ
Viande	Thịt

Nourriture #2
Thực Phẩm #2

Amande	Hạnh Nhân
Aubergine	Cà Tím
Banane	Chuối
Blé	Lúa Mì
Brocoli	Bông cải Xanh
Cerise	Quả anh Đào
Céleri	Cần Tây
Champignon	Nấm
Chocolat	Sô cô La
Jambon	Giăm Bông
Kiwi	Quả Kiwi
Mangue	Trái Xoài
Oeuf	Trứng
Pain	Bánh Mì
Poisson	Cá
Pomme	Táo
Poulet	Gà
Raisin	Nho
Riz	Gạo
Tomate	Cà Chua

Nutrition
Dinh Dưỡng

Amer	Đắng
Appétit	Ngon
Calories	Calo
Comestible	Ăn Được
Diète	Ăn Kiêng
Digestion	Tiêu Hóa
Épices	Gia Vị
Équilibré	Cân Bằng
Fermentation	Lên Men
Glucides	Carbohydrate
Liquides	Chất Lỏng
Poids	Cân Nặng
Protéines	Protein
Qualité	Chất Lượng
Sain	Khỏe Mạnh
Santé	Sức Khỏe
Sauce	Nước Xốt
Saveur	Hương Vị
Toxine	Độc Tố
Vitamine	Vitamin

Océan
Đại Dương

Anguille	Lươn
Baleine	Cá Voi
Bateau	Thuyền
Corail	San Hô
Crabe	Cua
Crevette	Tôm
Dauphin	Cá Heo
Éponge	Bọt Biển
Huître	Hàu
Marées	Thủy Triều
Méduse	Sứa
Poisson	Cá
Poulpe	Bạch Tuộc
Requin	Cá Mập
Récif	Trả Lại
Sel	Muối
Tempête	Bão Táp
Thon	Cá Ngừ
Tortue	Rùa
Vagues	Sóng

Oiseaux
Chim

Aigle	Đại Bàng
Autruche	Đà Điểu
Canard	Vịt
Cigogne	Cò
Colombe	Yêu
Corbeau	Con Quạ
Coucou	Chim Cu
Cygne	Thiên Nga
Héron	Diệc
Manchot	Chim Cánh Cụt
Moineau	Chim Sẻ
Mouette	Mòng Biển
Oeuf	Trứng
Oie	Ngỗng
Paon	Công
Perroquet	Con Vẹt
Pélican	Bồ Nông
Pigeon	Chim bồ Câu
Poulet	Gà
Toucan	Toucan

Outils
Công Cụ

Agrafeuse	Giấy
Câble	Cáp
Ciseaux	Kéo
Colle	Keo
Corde	Dây Thừng
Couteau	Dao
Échelle	Thang
Hache	Rìu
Maillet	Vồ
Marteau	Búa
Pelle	Xẻng
Pinces	Kìm
Rasoir	Dao Cạo
Roue	Bánh Xe
Torche	Ngọn Đuốc
Vis	Vít

Pays #2
Quốc gia # 2

Albanie	Albania
Chine	Trung Quốc
Danemark	Đan Mạch
France	Pháp
Haïti	Haiti
Indonésie	Indonesia
Irlande	Ireland
Jamaïque	Jamaica
Japon	Nhật Bản
Kenya	Kenya
Laos	Lào
Liban	Lebanon
Mexique	Mexico
Ouganda	Uganda
Pakistan	Pakistan
Russie	Nga
Somalie	Somalia
Soudan	Sudan
Syrie	Syria
Ukraine	Ukraina

Paysages
Phong Cảnh

Cascade	Thác Nước
Colline	Đồi
Désert	Sa Mạc
Estuaire	Cửa Sông
Fleuve	Sông
Glacier	Sông Băng
Golfe	Vịnh
Grotte	Hang
Île	Đảo
Lac	Hồ
Marais	Đầm Lầy
Mer	Biển
Montagne	Núi
Oasis	Ốc Đảo
Océan	Đại Dương
Péninsule	Bán Đảo
Plage	Bãi Biển
Toundra	Lãnh Nguyên
Vallée	Thung Lũng
Volcan	Núi Lửa

Pêche
Đánh bắt Cá

Appât	Mồi
Bateau	Thuyền
Branchies	Mang
Crochet	Móc
Cuire	Nấu
Eau	Nước
Exagération	Phóng Đại
Équipement	Thiết Bị
Fil	Dây
Fleuve	Sông
Lac	Hồ
Mâchoire	Hàm
Océan	Đại Dương
Panier	Cái Rổ
Patience	Kiên Nhẫn
Plage	Bãi Biển
Poids	Cân Nặng
Saison	Mùa

Pirates
Cướp Biển

Ancre	Neo
Boussole	La Bàn
Capitaine	Thuyền Trưởng
Carte	Bản Đồ
Cicatrice	Sẹo
Danger	Nguy Hiểm
Drapeau	Cờ
Épée	Thanh Kiếm
Équipage	Phi Hành Đoàn
Grotte	Hang
Île	Đảo
Légende	Truyền Thuyết
Mauvais	Xấu
Océan	Đại Dương
Or	Vàng
Perroquet	Con Vẹt
Pièces	Đồng Xu
Plage	Bãi Biển
Rhum	Rum
Trésor	Kho Báu

Plage
Trên bãi Biển,

Bateau	Thuyền
Bleu	Màu Xanh
Coquilles	Vỏ
Côte	Bờ Biển
Crabe	Cua
Dock	Dock
Île	Đảo
Lagune	Đầm
Mer	Biển
Océan	Đại Dương
Parapluie	Ô
Récif	Trả Lại
Sable	Cát
Sandales	Dép
Serviette	Khăn
Soleil	Mặt Trời
Vacances	Kỳ Nghỉ
Voilier	Thuyền Buồm

Plantes
Cây

Arbre	Cây
Baie	Quả Mọng
Bambou	Tre
Botanique	Thực vật Học
Buisson	Bụi Cây
Cactus	Xương Rồng
Engrais	Phân Bón
Feuillage	Lá
Fleur	Hoa
Flore	Flora
Forêt	Rừng
Grandir	Lớn Lên
Haricot	Hạt Đậu
Herbe	Cỏ
Jardin	Vườn
Lierre	Ivy
Mousse	Rêu
Pétale	Cánh Hoa
Racine	Nguồn Gốc
Végétation	Thực Vật

Professions #1
Nghề Nghiệp số 1

Ambassadeur	Đại Sứ
Artiste	Nghệ Sĩ
Avocat	Luật Sư
Banquier	Ngân Hàng
Bijoutier	Jeweler
Chasseur	Thợ Săn
Comptable	Kế Toán
Danseur	Vũ Công
Éditeur	Biên tập Viên
Géologue	Nhà địa Chất
Infirmière	Y Tá
Marin	Thủy Thủ
Médecin	Bác Sĩ
Musicien	Nhạc Sĩ
Pianiste	Nghệ sĩ Piano
Plombier	Plumber
Pompier	Lính cứu Hỏa
Scientifique	Nhà Khoa Học
Tailleur	Thợ May
Vétérinaire	Bác sĩ thú Y

Professions #2
Nghề Nghiệp số 2

Agriculteur	Nông Dân
Astronaute	Phi Hành Gia
Bibliothécaire	Thủ Thư
Chimiste	Nhà hóa Học
Dentiste	Nha Sĩ
Détective	Thám Tử
Enseignant	Giáo Viên
Éditeur	Nhà Xuất Bản
Illustrateur	Hoạ
Ingénieur	Kỹ Sư
Journaliste	Nhà Báo
Linguiste	Nhà Ngôn Ngữ
Médecin	Bác Sĩ
Peintre	Họa Sĩ
Philosophe	Triết Gia
Photographe	Nhiếp ảnh Gia
Pilote	Phi Công
Politicien	Chính trị Gia
Professeur	Giáo Sư

Randonnée
Đi bộ Đường Dài

Animaux	Động Vật
Bottes	Giày Ống
Camping	Cắm Trại
Carte	Bản Đồ
Climat	Khí Hậu
Dangers	Mối Nguy Hiểm
Eau	Nước
Falaise	Vách Đá
Fatigué	Mệt
Guides	Hướng Dẫn
Lourd	Nặng
Météo	Thời Tiết
Montagne	Núi
Nature	Thiên Nhiên
Orientation	Sự Định Hướng
Parcs	Công Viên
Pierres	Đá
Préparation	Chuẩn Bị
Sauvage	Hoang Dã
Soleil	Mặt Trời

Remplir
Để Điền Vào

Baril	Thùng
Boîte	Hộp
Bouteille	Chai
Carton	Carton
Dossier	Thư Mục
Enveloppe	Phong Bì
Navire	Tàu
Panier	Cái Rổ
Paquet	Gói
Plateau	Khay
Sac	Túi
Seau	Xô
Tiroir	Ngăn Kéo
Tube	Ống
Valise	Va Li
Vase	Bình

Restaurant #1
Nhà Hàng # 1

Allergie	Dị Ứng
Assiette	Đĩa
Bol	Bát
Café	Cà Phê
Couteau	Dao
Cuisine	Nhà Bếp
Épicé	Cay
Ingrédients	Thành Phần
Menu	Thực Đơn
Nourriture	Thức Ăn
Pain	Bánh Mì
Poulet	Gà
Réservation	Đặt Phòng
Sauce	Nước Xốt
Serveuse	Nữ Phục Vụ
Serviette	Khăn Ăn
Viande	Thịt

Restaurant #2
Nhà Hàng số 2

Boisson	Đồ Uống
Chaise	Ghế
Cuillère	Cái Thìa
Déjeuner	Bữa Trưa
Délicieux	Ngon
Dîner	Bữa Tối
Eau	Nước
Épices	Gia Vị
Fourchette	Cái Nĩa
Fruit	Trái Cây
Gâteau	Bánh
Glace	Băng
Légumes	Rau
Nouilles	Mì
Oeuf	Trứng
Poisson	Cá
Salade	Salad
Sel	Muối
Serveur	Phục vụ Nam
Soupe	Súp

Salle de Bains
Phòng Tắm

Bain	Bồn Tắm
Bulles	Bong Bóng
Ciseaux	Kéo
Douche	Vòi hoa Sen
Eau	Nước
Éponge	Bọt Biển
Évier	Chìm
Lotion	Lotion
Miroir	Gương
Parfum	Nước Hoa
Robinet	Vòi
Savon	Xà Phòng
Serviette	Khăn
Shampooing	Dầu Gội
Tapis	Thảm
Toilette	Nhà vệ Sinh
Vapeur	Hơi Nước

Science
Khoa Học

Atome	Nguyên Tử
Chimique	Hóa Chất
Climat	Khí Hậu
Données	Dữ Liệu
Expérience	Thí Nghiệm
Évolution	Tiến Hóa
Fait	Thực Tế
Fossile	Hóa Thạch
Gravité	Trọng Lực
Hypothèse	Giả Thuyết
Méthode	Phương Pháp
Minéraux	Khoáng Sản
Molécules	Phân Tử
Nature	Thiên Nhiên
Observation	Quan Sát
Particules	Hạt
Physique	Vật Lý
Plantes	Cây
Scientifique	Nhà Khoa Học

Science-Fiction
Khoa học Viễn Tưởng

Atomique	Nguyên Tử
Dystopie	Dystopia
Explosion	Nổ
Extrême	Cực
Fantastique	Tuyệt Vời
Feu	Lửa
Futuriste	Tương Lai
Galaxie	Thiên Hà
Illusion	Ảo Giác
Imaginaire	Tưởng Tượng
Livres	Sách
Lointain	Xa Xôi
Monde	Thế Giới
Mystérieux	Bí Ẩn
Oracle	Oracle
Planète	Hành Tinh
Réaliste	Thực Tế
Scénario	Kịch Bản
Technologie	Công Nghệ
Utopie	Utopia

Sports
Các môn thể Thao

Arbitre	Trọng Tài
Athlète	Lực Sĩ
Base-Ball	Bóng Chày
Basket-Ball	Bóng Rổ
Championnat	Chức vô Địch
Équipe	Đội
Golf	Golf
Gymnase	Gymnasium
Gymnastique	Thể Dục
Hockey	Khúc côn Cầu
Jeu	Trò Chơi
Joueur	Người Chơi
Mouvement	Phong Trào
Stade	Sân vận Động
Tennis	Quần Vợt
Vélo	Xe Đạp

Surf
Lướt Sóng

Amusement	Vui Vẻ
Athlète	Lực Sĩ
Champion	Quán Quân
Débutant	Người bắt Đầu
Estomac	Bụng
Extrême	Cực
Force	Sức Mạnh
Foules	Đám Đông
Météo	Thời Tiết
Mousse	Bọt
Océan	Đại Dương
Pagaie	Chèo
Plage	Bãi Biển
Populaire	Phổ Biến
Récif	Trả Lại
Style	Phong Cách
Vague	Sóng
Vitesse	Tốc Độ

Technologie
Công Nghệ

Affichage	Trưng Bày
Blog	Blog
Caméra	Máy Ảnh
Curseur	Con Trỏ
Données	Dữ Liệu
Écran	Màn
Fichier	Tập Tin
Internet	Internet
Logiciel	Phần Mềm
Message	Thông Điệp
Navigateur	Trình Duyệt
Numérique	Kỹ Thuật Số
Octets	Nội
Ordinateur	Máy Tính
Police	Chữ
Recherche	Nghiên Cứu
Sécurité	An Ninh
Statistiques	Thống Kê
Virtuel	Ảo
Virus	Vi Rút

Temps
Thời Gian

Année	Năm
Annuel	Hàng Năm
Après	Sau
Avant	Trước
Bientôt	Sớm
Calendrier	Lịch
Décennie	Thập Kỷ
Futur	Tương Lai
Heure	Giờ
Hier	Hôm Qua
Horloge	Đồng Hồ
Jour	Ngày
Maintenant	Bây Giờ
Matin	Buổi Sáng
Midi	Buổi Trưa
Minute	Phút
Mois	Tháng
Nuit	Đêm
Semaine	Tuần
Siècle	Thế Kỷ

Types de Cheveux
Các Loại Tóc

Argent	Bạc
Blanc	Trắng
Blond	Tóc Vàng
Boucles	Curls
Brillant	Sáng Bóng
Chauve	Hói
Coloré	Màu
Court	Ngắn
Doux	Mềm
Épais	Dày
Frisé	Xoăn
Gris	Màu Xám
Long	Dài
Marron	Màu Nâu
Mince	Mỏng
Noir	Đen
Sain	Khỏe Mạnh
Sec	Khô
Tresses	Braids
Tressé	Bện

Vacances #2
Kỳ Nghỉ số 2

Aéroport	Sân Bay
Camping	Cắm Trại
Carte	Bản Đồ
Destination	Điểm Đến
Étranger	Ngoại Quốc
Hôtel	Khách Sạn
Île	Đảo
Loisir	Giải Trí
Mer	Biển
Montagnes	Núi
Passeport	Hộ Chiếu
Photos	Ảnh
Plage	Bãi Biển
Taxi	Xe tắc Xi
Tente	Lều
Train	Xe Lửa
Transport	Vận Chuyển
Vacances	Ngày Lễ
Visa	Thị Thực
Voyage	Hành Trình

Vertus #1
Đức Hạnh số 1

Artistique	Nghệ Thuật
Bon	Tốt
Charmant	Quyến Rũ
Curieux	Tò Mò
Décisif	Quyết Định
Drôle	Buồn Cười
Efficace	Hiệu Quả
Fiable	Đáng tin Cậy
Généreux	Rộng Lượng
Imaginatif	Tưởng Tượng
Indépendant	Độc Lập
Intelligent	Thông Minh
Modeste	Khiêm Tốn
Passionné	Đam Mê
Patient	Kiên Nhẫn
Pratique	Thực Tế
Propre	Dọn Dẹp
Sage	Khôn Ngoan
Utile	Hữu Ích

Véhicules
Xe Cộ

Ambulance	Xe cứu Thương
Avion	Máy Bay
Bateau	Thuyền
Bus	Xe Buýt
Camion	Xe Tải
Caravane	Caravan
Ferry	Phà
Fusée	Tên Lửa
Métro	Xe Điện Ngầm
Moteur	Động Cơ
Pneus	Lốp
Radeau	Bè
Scooter	Xe tay Ga
Sous-Marin	Tàu Ngầm
Taxi	Xe tắc Xi
Tracteur	Máy Kéo
Train	Xe Lửa
Van	Van
Vélo	Xe Đạp
Voiture	Xe Hơi

Vêtements
Quần Áo

Bijoux	Trang Sức
Bracelet	Vòng Tay
Ceinture	Thắt Lưng
Chapeau	Mũ
Chaussure	Giày
Chemise	Áo sơ Mi
Chemisier	Áo Cánh
Collier	Vòng Cổ
Foulard	Khăn Quàng Cổ
Gants	Găng Tay
Jeans	Quần Jean
Jupe	Váy
Mode	Thời Trang
Pantalon	Quần
Pull	Áo Len
Pyjama	Pajama
Robe	Ăn
Sandales	Dép
Tablier	Tạp Dề
Veste	Áo Khoác

Ville
Thị Trấn

Aéroport	Sân Bay
Banque	Ngân Hàng
Bibliothèque	Thư Viện
École	Trường Học
Fleuriste	Người bán Hoa
Galerie	Bộ sưu Tập
Hôtel	Khách Sạn
Librairie	Hiệu Sách
Magasin	Cửa Hàng
Marché	Thị Trường
Musée	Bảo Tàng
Pharmacie	Tiệm Thuốc
Salon	Salon
Stade	Sân vận Động
Supermarché	Siêu Thị
Théâtre	Rạp Hát
Université	Đại Học
Zoo	Sở Thú

Félicitations

Vous avez réussi !

Nous espérons que vous avez apprécié ce livre autant que nous
avons pris plaisir à le concevoir. Nous faisons de notre mieux pour
créer des livres de la meilleure qualité possible.
Cette édition est conçue pour permettre un apprentissage intelli-
gent et de qualité en se divertissant !

Vous avez aimé ce livre ?

Une Simple Demande

Nos livres existent grâce aux avis que vous publiez. Pour-
riez-vous nous aider en laissant un avis maintenant ?

Voici un lien rapide qui vous mènera à votre
page d'évaluation de vos commandes :

BestBooksActivity.com/Avis50

CHALLENGE FINAL !

Défi n°1

Êtes-vous prêt pour votre jeu bonus ? Nous les utilisons tout le temps mais ils ne sont pas si faciles à trouver. Voici les **Synonymes** !

Notez 5 mots que vous avez trouvés dans les puzzles notés ci-dessous (n°21, n°36, n°76) et essayez de trouver 2 synonymes pour chaque mot.

Notez 5 Mots du *Puzzle 21*

Mots	Synonyme 1	Synonyme 2

Notez 5 Mots du *Puzzle 36*

Mots	Synonyme 1	Synonyme 2

Notez 5 Mots du *Puzzle 76*

Mots	Synonyme 1	Synonyme 2

Défi n°2

Maintenant que vous vous êtes échauffé, notez 5 mots que vous avez découverts dans les Puzzles n° 9, n° 17, n° 25 et essayez de trouver 2 antonymes pour chaque mot. Combien pouvez-vous en trouver en 20 minutes ?

Notez 5 Mots du **Puzzle 9**

Mots	Antonyme 1	Antonyme 2

Notez 5 Mots du **Puzzle 17**

Mots	Antonyme 1	Antonyme 2

Notez 5 Mots du **Puzzle 25**

Mots	Antonyme 1	Antonyme 2

Défi n°3

Formidable ! Ce défi final n'est rien pour vous.

Prêt pour le dernier défi ? Choisissez 10 mots que vous avez découverts parmi les différents puzzles et notez-les ci-dessous.

1.	6.
2.	7.
3.	8.
4.	9.
5.	10.

Maintenant, composez un texte en pensant à une personne, un animal ou un lieu que vous aimez !

Astuce: Vous pouvez utiliser la dernière page de ce livre comme brouillon !

Votre Composition :

_____

_____

_____

_____

_____

_____

_____

CARNET DE NOTES :

À TRÈS BIENTÔT !

Toute l'équipe

DECOUVREZ DES JEUX GRATUITS

GO

↓

BESTACTIVITYBOOKS.COM/FREEGAMES